ミモザ幻想

記憶・藝術・国境

mimosa en fantaisie

佐々木健一

keiso shobo

まえがき

日頃は、活字に向かいあい、書斎と研究室、教室を往復するだけの生活をおくっている。それが、一九九二年四月から翌年の一月にかけての十ヶ月、主としてパリで過ごす機会をえた。この機会を得たとき、研究の計画は別として、わたくしは次のような課題を構想した。すなわち、書物を忘れ、心を裸にして、出会うものを素手で摑まえること。自分を一個の受信機として、ヨーロッパ世界の語りかけるものをそのまま反響させること。それをエッセイにつづろう。そのエッセイは、対象世界を描写するだけでなく、感性や心の傾斜を映し出すことになるだろう。ひいては、西洋に学んできた日本人としてのアイデンティティを浮き彫りにすることもあるだろう。つまり、未知のものにふれる機会に、自らのなかで意識下に沈んでいたものを見つめたい。そういう企てである。

この裸の思索は、主題の面では、おのづから副題の三つの問題に集約されたように思われる。藝術は、美学者としてのわたくしの主たる関心の対象である。また、心を開放してつづるエッセイが記憶に注目するのは当然であろう。裸になった心の実体は、肉化された記憶だからだ。また国境は、上記の文化的アイデンティティを表す具体的なメタファーに他ならない。

裸の思索は、わたくしが自らの美学において理想とするところだ。このようなかたちで考えたい、と思っている。ここに集めたエッセイは、わたくしの思索の発生を映している。それぞれには主題があり、それをそのまま論文として展開することも可能だが、わたくしはエッセイの形に執着した。学問と論文は禁欲の仕事で、個人と歴史を消して論理に仕えなければならない。それに対してエッセイは快楽の原理に従う。世界にふれた自我に、そのまま声をあげさせることが既に快楽である。また、論理のためというよりも美的な要求に従って文章を推敲することも快楽である。

だから、ここでは文章を愉しんでつづり、全体の構成を愉しんだ。その全体は発想の原点を尊重して、春夏秋冬の季節別に分け、季節に関係のない永遠と日常に関する部門をその真ん中において、五部構成とした。妻寛子のエッセイを借りて挿入したのも、構成上、日常生活の描写が欲しいと思ったからだ。そして、上記の三つの主題は、この具体的な情景のなかに見え隠れするように仕組まれている。拾い読みをして頂いて、勿論かまわない。ただ、通読して全体の流れを感じてみてやろうという奇特な読者があれば、わたくしには望外の幸せである。

目次

春に――

1　ミモザ幻想

記憶とはなんとあてにならないものか。そして記憶とはなんと玄妙なるものか。そのことを更めて思い知らされた旅行であった。

大学より、一生に一度の、十ヵ月の暇をもらい、パリに着いたのが三月二十九日。決めてあったアパートに入居できるまでの時間を利用して、南仏に小旅行に出掛けた。目的はただ一つ、ミモザの花を見ることである。

この花のことをよく御存知の向きがあれば、ここまで読まれて、「なんとばかげたことを」、と思われることであろう。しかし、愚行とて、語る意味がないと決まったものでもあるまい。この先をつきあって頂けると、嬉しい。

「ミモザ」という、決して日本語の語音とは思われない、不思議な花の存在を知ったのは、子供の頃のことらしい。そのころ聞き覚えた歌謡曲の一節に、「春はミモザの花も匂う」とあった。

この見知らぬ花に対してかき立てられた好奇心は、胸のうちにしっかりと根づいていたに相違ない。一九七三年、フランス政府の給費留学生として、南仏の古都エクス・アン・プロヴァンスで学ぶことになったわたくしは、この花を見ることに強く執着した。そしてついに得たこの花の体験は、まことに強烈なものだった。それは、ニースの美術学校に学んでいた画家の乙丸哲延氏の部屋でのことだった。かれは、この町の高台に広がるシミエという高級住宅街にある学生寮の一室に寄宿していた。その部屋の外にはひとかかえもあるミモザの巨木があり、その花は、木全体を夜目にも黄色く浮かび上がらせている。花の芳香は、窓を開けていると、部屋に満ちて、文字通り、酔いそうになるほどであった。

このときの体験をもう一度確かめたくて、そして同行の妻や娘にもこの花のたたずまいを教えたくて、ニース行きを思い立ったのだった。なにしろ、大学の教師にとって、この時期に南仏を訪れる機会など、二度と得られないかもしれない。だが、ミモザの花の盛りがいつなのか、実は確信がなかった。エックスの旧師にして旧友のリュシアン・ペルネに出した問い合わせに対しても、応答は来なかった。ともかく出掛けよう、と心を決めた。

何故、ミモザの開花期についての記憶が不確かだったのか。言い換えれば、何故あのニース訪問の時期の記憶が不確かなのか。記憶のなかでは、あの年の春に、わたくしは二度、ニースに旅行している。一度目は、有名なニースのカーニヴァルの見物で、これはCROUS《クルース》という留学生の窓口になっている役所が連れていってくれたバス旅行である。もう一度は、私的な旅行で、乙丸氏の部屋を訪れたのはそのときのことである。このときは、わたくし一人ではなかった。この年の給費留学生のうち、ボルドーでフランス語の研修を受けた仲間の三人、作曲家の福士則夫、打楽器奏者の菅原淳、現在横浜国立大学で教えている建築史家の吉田鋼市という面々がパリよりやってきて一緒だった。そのことは、一枚の写真が証拠だてている。ヴァンスかサン・ポールか、いずれにせよニースの奥の山地のどこかで写したもので、四、五人が、低い石積みの壁のようなところに腰を下ろし、空を背景にして、カメラに収まっている。この一枚はなぜか机の引き出しのなかにあり、時折、目にしては記憶をあらたにしてきたものだ。

ニースのカーニヴァルは二月の末だから、ミモザに出会った二度目の旅行は、三月か四月のことだったのではないか。そんな推論を頼りに、わたくしはニースに旅立った。

最初のショックは、ニースの空港でやってきた。観光案内所の窓口にゆき、「ミモザの花を見にきたのだが、見られるだろうか」と尋ねたときのことである。応対の中年の女性は、にこやかに、しかし確信を以て、「ミモザには早すぎます、五月にならないと」と答えてくれたものである。――何ということだ、そうと知っていれば、旅行を延ばしたものを。例の写真のなかでは、誰もが寒そうな服装をしていたように思うが、五月とは思いがけないことだった。――見られるところがあるとすれば、としてこの女性が地図に丸をしてくれたのは、マントンとグラスの辺りである。シミエの大木とは別の光景として、山道を乙丸氏の箱型ルノーで走りながら、やはり見事なミモザを見た記憶がある。マントンは反対に、イタリアに近い海辺の町である。レンタカーを借りて、グラスに向かうことにした。思い出をたぐりよせたい。

二度目のショックを受けたのは、グラスの手前にある小さな村の教会前の広場でのことである。標識を見間違えて、山の斜面にへばりついているこの村に入り込んだのだが、人影はない。折りよく、その広場に止めた車を出しにきた女性がいて、場所を尋ねると同時に、ミモザのことをきいた。するとわが耳を疑うことに、ミモザはもう終わりだというのである。「今年は、花は早くきたのですが、残っていた花も、先日の嵐で皆散ってしまいました。グラスからカンヌの方へゆくと、小さな木に残っている花が見られるかも知れませんね」。

グラスの町で確かめても、花はおしまいらしい。空港の女性は、典型的なフランス人の一人だったのだ。知らないことを確言するのは、多くのフランス人の得意とするところである。

三度目の正直は、ショックではなく、開眼である。教えられたペメナードという小さな村に車を止め、通り合わせた菜っ葉服のおじさんに尋ねると、懐かしいプロヴァンスなまりで教えてくれた。ミモザは早ければ一月の終わり頃から始まり、三月の初めにはほぼ終わってしまう。「盛りはニースのカーニヴァルの時期ということか」と問い返し、「その通り」という答えを聞いたとき、自分の問いによって記憶の暗雲が晴れたような気がした。あれは、二回の旅行ではなく、ただ一度の旅行で、CROUSのバス旅行に参加し、帰りのバスに乗らずに、居残ってボルドーの仲間と合流したのだった。

記憶とは、保存された像につけられたキャプションのようなものだ。記憶像と呼ばれるものが、写真のような映像なのかどうかは、かなり心許ないが、言葉の成分の方は間違いない。像があるとしても、それが何の像であるかというキャプションを伴わないかぎり、謎めいた感じがするばかりで、記憶としては不完全である。何時どこで撮ったのか忘れてしまった写真のようなものだ。忘れられた写真は「思い出したい」という焦燥感をかき立てて、このキャプションを求めさせる。

ところが、やっかいなのは、像とキャプションが生きもののように、それぞれに独自の消長の波動をたどりつつ、互いに干渉するらしいことである。特に曲者なのは、キャプションの方である。確かに像は、原体験のときからずっと保存されているように見える。そうでなくては、記憶とも言えないだろう。それにひきかえ、この言葉の成分の方は、本当に過去から保持されてきたものなのか。それは、或る像ないし光景を過去の或る時点に定位させるメタ言語であり、右の経験のように、推論に基づいて再構成されているのが、その常態なのではないか。おまけに、このメタ言語は、像に影響を及ぼして、それをぼやかしたり、明瞭なものに変えたりしているはずである。そうだとすれば、純粋に過去からやってくる記憶などというものは、単なる虚構のようにさえ思われる。

翌日、サン・ポールの町を見て回り、城壁の入口の近くに戻ってきたとき、例の写真がその場所で撮ったものであることを理解した。その確かさの感じは、「ヴァンスかサン・ポールの辺りで撮ったもの」というそれまでの「うろ覚え」とは、全く異質である。後者は決め手を欠いた推論にすぎない。では前者は何なのか。先刻、「記憶の暗雲が晴れた」という言い方をした。この言い方に従えば、過去から来る記憶があり、それを包んでいる邪魔物を取り除くならば、真の過去が復元される、ということになる。しかし実態は、保持してきたあらゆるデータを余すところなく説明しつくすことが、その確かさの基盤なのではないか。ニースの山中での明らかな想起の経験は、そういう性質のもののように思われる。そればかりか更に一歩を踏み込んだ仮説を試みるならば、記憶そのものがいくつかのデータの複合であり、それをわれわれが想起するときに像化するのではないのか。

だが、記憶のなかで保持される像の存在を否定することが本当にできるだろうか。像の記憶があったからこそ、サン・ポールの野外のテラスに椅子を並べたカフェに来たとき、「ここだ」という確信をもつことができたのではないか。たしかに、今の感覚を引き較べている何かがある。しかし、この場合、その何かを絵のような像と見ることは当を得たことではあるまい。その空間のなかに入って初めて、その再認は得られた。記憶の基底をなしているのは、空間全体を受け止める経験の、そのような全身の感覚なのではないか。そして、複合データが更にその感覚を支えているのではあるまいか。既視感《デジャ・ヴュ》と呼ばれる経験は、このように構成されているようにおもわれる。

結局、ミモザはニースの花市場で再会することになった。そこで、普通の「ゴーロワ種」のほかに「四季咲き」があることも知った。しかし、それはあのむせかえるような香りの花の記憶とは比べるべくもない。あの夜の記憶は、いよいよ遠ざかり、神秘さの度合いを増したように思われる。グラスの香水工場で見た、黒地に黄色いミモザをあしらった、昔の香水石鹼のパッケージのデザインとも結びついて、記憶の結晶作用は、続いている。ニースで求めたミモザの切り花は、パリのアパートで数日かすかな香りを漂わせたあと、水を吸わなくなり、ドライ・フラワーとなった。来年のその花の盛りのころ、わたくしはもうフランスにはいない。

2 パリの空の下

「パリの空の下」は、単にパリを代表するだけでなく、フランスを象徴するうたらしい。ポーランドの古都クラクフでのことである。妻と娘とわたくしの三人は、知らずに泊まった伝統的な高級ホテル「フランツスキ」のレストランにいた。夕食の時間としてはやや早めで、わたくしどもの他には、アメリカ人らしきカップルと、フランスからの団体旅行とおぼしき人びとの片割れがいるだけだった。やがて二人組の流しが入ってきた。一人はギターを爪弾き、もう一人はアコーデオンを奏でる。かれらは、われわれのところではアメリカン・ポップスでお茶をにごして、次のテーブルに移っていった。チップを弾んだのか、このカップルのもとで、かれらはそのアメリカン・ポップスのレパートリーの広いところをたっぷりと披露した。次はフランス人のテーブルである。相手がフランス人となれば、当然、「パリの空の下」だ。しかも、アコーデオン弾きがいる。鬼に金棒である。

つまり、フランス人には「パリの空の下」というのは、殆ど条件反射のようなものらしい。イタリア人には「オー・ソレ・ミオ」、ロシア人なら「カチューシャ」、ポーランド人には「シュワジェヴェチカ」……というのと同様である。しかし、レコードの解説を読むと、この歌は一九五二年に作られた映画の主題歌だという。その新しさに驚き、それより前にフランスを代表していたのはどの歌なのか、と考えてしまう。一九五二年以前のクラクフのホテルでは、フランス人もアメリカン・ポッポスでお茶をにごされていたのだろうか。

イタリア語のカンツォーネも同じだが、シャンソンとはフランス語で「うた」というだけの意味の名詞である。だから、「さくらさくら」もフランス語で言えば《ニッポン ノ しゃんそん》ということになる。しかし、われわれにとって、そういうわけにはいかない。《シャンソン》という単語には、独特のフランス文化のイメージが染みついている。いくらフランスのうたであっても、ジョニー・アリデーのうたうロックをシャンソンと呼ぶわけにはいかない。事実、シャンソンと呼ぶのがふさわしいような古いシャンソンには、独特のたたずまいがある。勿論、いくつかのタイプがあるのだが、そのなかの一つに、陽気な楽天主義を歌ったものがある。掏摸やかっぱらいのような小さな悪に対して寛大で、乞食や浮浪者、更には娼婦のような社会的弱者に対して優しく、またかれらの生き方を尊重し、遊びや快楽を大切にして、喧嘩を楽しみ、明日の生活を思い煩うことがない、そのような内容の歌である。クラクフのレストランにいたフランス人たちは、すげなく流しを追い払ってしまった。彼女たちは、シャンソンに歌われたような「フランス風」が嫌いだったらしい。或いは、実はフランス人ではなかったのかもしれない。この楽天主義は、一つのタイプのシャンソンのものというよりも、暗い歌のなかにも、その底流として流れている世界観、と見る方が正確なように思われるし、フランス人のイメージと切離しがたく結びついている。「パリの空の下」は、明るく歌いあげるその曲想によって、この世界観を代表している。

パリの空の下
陽気な川が一筋流れる、ウム、ウム、
それは夜には子守唄
浮浪者や乞食らの。……

＊

だが、実は「パリの空の下」の歌詞には、よく分からないところがあった。それは

ベルシー橋の下には
哲学者が一人、腰を下ろし
音楽家が二人、何人かの野次馬
そしてわんさといる人びと……

という一節である。勿論はじめは、気にも留めず、異国の見知らぬ風俗として受けとめていた。やがてフランスにゆく機会に恵まれた。ベルシー橋にいってみたわけではないが、セーヌ川に掛かる橋を何本も知った。確かに、川のわきには散歩道が作られていて、「橋の下」に人の集まることのできる空間があることは分かった。しかし、ここに歌われているようなにぎやかな「橋の下」は見たことがない。「ベルシー橋」は特別な橋なのだろうか。というわけで、小さな疑問符が生まれた。

だが、うたとはそういうものかもしれない。と思ってはみても、やはり気にかかる。何故ベルシー橋なのだろうか。それは都心の橋ではない。見物に歩きまわっているうちに、ふと行きあう、というような橋ではない。わざわざそのために行かなければ見る機会のないような場所に、にぎわいがあるものだろうか。

それが、ひょんなことから、わざわざ行かずとも、ベルシー橋を渡るチャンスが巡ってきた。北の古都ランスに行くバス旅行に参加したところ、バスは南からベルシー橋を渡り、渡ったところで右折して、やがて高速道路に乗った。上には地下鉄（というのも変だが）の線路が走る二層構造で、アーチを重ねた造りの立派な橋である。勿論、わたくしは身を乗り出すようにして橋の下を見やったが、よく見えない。しかし、どうも哲学者も音楽家も、そして野次馬もいないらしい。いなくても当たり前だ、という気もする。なにしろ、ベルシー橋はパリの市境に近く、少し行くと、工場地帯に入る、そのような場所なのだ。そのようなところに、ひとが集まるわけがないではないか。疑問符はいよいよ大きくなってきた。「パリの空の下」の作詞者（ジャン・ドレジャックという人）は、何故、あのように歌ったのであろう。

＊

ロラン・バルトのようなひとが「パリの空の下」読解を書いてくれていれば、文句はないのだが、生憎、そのような出版物を知らないので、生き字引きに頼ることにした。マリヴォンヌ・セゾン夫妻である。マリヴォンヌはわたくしの同業者で、パリ大学ナンテール校の美学の教授、そのご主人はアメリカ系の航空機エンジンの会社に勤めている。パリを発つ少し前、種々お世話になった返礼をかねて、狭いわれわれのアパートに来てもらい、妻の日本風手料理でおもてなしをした。その折のよもやま話のなかで、この質問をぶつけてみた。

先ず、タイトルを言ったが通じない。このシャンソンを知らないフランス人がいる、などということは信じられない。これはきっと、わたくしの発音が悪かった故に相違ない。そこで今度は、その始めの部分を歌ってきかせたが、それでも聞き覚えがないらしい。いやいや、これも、わたくしが恥ずかしそうに歌ったから分からなかったのであろう。しかし、どうしたらよいのだろう。仕方がないから、散文的に、この歌にうたわれているベルシー橋と現在のこの界隈の雰囲気の落差について話し、説明を求めた。三度目の正直で、今度は運よく分かってもらえた。そこで、ご主人のダニエルが言うには、かつて、このベルシー橋の右岸側のたもとには、葡萄酒市場があって賑わっていたから、その頃のことではないか、という話だった。

これが、「パリの空の下」に歌われたベルシー橋の一節に関する正解なのかどうかは、分からないままに、それでもわたくしは納得した。ダニエルの教えたくれたことは、わたくしの知っていたパリという都市の或る側面と一致していたからである。

＊

かつてベルシー橋の下にいた哲学者や音楽家、野次馬やその他大勢の人びとは、どこへ行ったのか。今なら、例えば、ボーブールのポンピドゥー・センターの前のあたりを探すのがよいだろう。

ただし、誤解のないように言っておくと、そこには本物の哲学者はいない。本物の哲学者はコンコルドに乗って飛び回ったりしている。ドレジャックの歌った「哲学者」は、そのような実業家のように見える哲学者ではなく、オリゲネスやソクラテスのように、誰が見ても哲学者のように見える人たちのことである。

話を元に戻すと、このような人間の移動、あるいは場所の変化は、東京にもないわけではないが、パリでは遥かに急激に、かつ徹底した形で起こるように思われる。東京の中心が東から西に移動していることは、周知の事実である。盛り場についても、古い盛り場である浅草はさびれ、新宿や渋谷、そして池袋が発展を続けている。しかし、これは意図と計画によってもたらされた変化ではない。鉄道の敷設と人口の移動による自然な結果にすぎない。しかし、パリの場合は違う。変化は行政機関の計画によって導かれている。

わたくしが留学した二十年前のころ、今モダンなビル群の立ち並ぶホテル・ニッコーの辺りは、再開発の行われているごみごみした地域だった。今ポンピドゥー・センターのある地区の再開発も、その頃始まった。大きな中央市場が壊され、そのあとには、やがて現在あるようなショッピング・センターが造られた。ベルシーについて、ものの本を読むと、この右岸の辺りは十九世紀には、葡萄酒市場（一六頁写真を見よ）を中心とする一大歓楽街だった、という。セーヌ川を通り、船にのせて、大量の葡萄酒が花の都に運び込まれていたらしい。物の集まるところには、ひとも集まる。ダニエルの言う通りだ。この一帯の衰退は、鉄道の開通とともに水上交通の重要性が低下したことに由来する、という。それでも五〇年代の初めには、いまだに物好きな哲学者、音楽家、それに野次馬が集まるほどの盛り場ではあったのだ。東京ならばさしずめ、古い盛り場の浅草、というところか。しかし、浅草は、名店と呼ばれる商店や料理屋などが土地に根づいていて、その人びとの努力もあって、そこそこの繁盛を維持している。しかしベルシーは衰退を続け、「パリの空の下」から二十年後、わたくしが留学した頃には、繁栄が忘れられたものであったらしい。そしてついに一九七九年から、大々的な再開発がスタートした。ベルシー橋のたもとには巨大な総合スポーツ・センター、大蔵省の庁舎や公園などが造られ、かつての葡萄酒市場も東の端に再建されている。ベルシーを中心に、パリ東部地区では再開発計画が進行している。浅草の歴史とベルシーの歴史とは、都市の形成に関する二つの対照的な形を示している。

勿論パリにおける都市の改造は、ベルシーのようなスクラップ・アンド・ビルトだけのものではない。マレー地区に人びとが戻り始めて十年以上になる。十七、八世紀には王侯や貴族たちの贅を競い合った館の立ち並ぶ地区だったこの界隈は、長いあいださびれていた。その中心で、アンリ四世が創建したときには「王宮広場 Place Royale」と呼ばれていたヴォージュ広場の、その有名な回廊も、見捨てられ、廃屋と見える部分もあった。それが今、週末に行ってみると、二十年前には人気のなかったこの広場や周辺の街路に、驚くほどの人出が見られる。ピカソ美術館が開設され、マレー地区のはずれのバスチーユには新オペラ座が建設されたが、それだけの効果とはとても思えない。行政機関がどのような策を講じたのか知らないが、現実の変化は目ざましい。

パリの変化を見ていると、既存の大都市においても都市計画というものがありうる、ということを理解することができる。確かに、東京では、私的な権利に対して公権力は強くないし、そのことは或る安心感を与えてくれる。しかし、一切が成り行きまかせでよいのか、という気もする。だから「東京は巨大な村」(建築学者V・ウーゴ)と言われるのではないか。確かにパリにも成り行きまかせがある。それは「パリの空の下」にも歌われている。だが、東京の成り行きまかせとは、どこか違うような気がしないでもない。

ノートル・ダームの近くでは
ときには悶着の起こることもある
だけどパリのことだもの
なんでも上手くけりがつく

1900年ころのベルシー葡萄酒市場

3　シスレーとサン・ジェルマンの風景

展覧会の予約入場券なるものがある、と聞かされたとき、わたくしは容易に信じられなかった。自分の経験のなかになかったもの、全く新しいものに対する、拒絶的な反応の一例である。しかし、この場合、展覧会と予約ということとが、ちぐはぐな感じを懐かせることも否定できないように思う。芝居やコンサートの場合は仕方がない。何しろ、その上演や演奏そのものが一種の予告された出来事なのだから、日時を守らずにその出来事に行きあうことはできない。しかし、展覧会ぐらいは、怠惰な行き当たりばったりを認めてほしい。絵は、展覧会の期間中ならば、いつもそこにあって動かないのだから。

というわけで、予約なしにでかけたために、オルセー美術館の外で少々待たされた。予約してあれば、この行列を経験しないで済む。几帳面さという美徳に与えられる報奨のようなものだろう。シスレーの展覧会は珍しい。あまり熱心に情報を追っているわけでないわたくしの記憶など、基準にはならないが、日本でシスレー展があったという記憶はない。印象派の画家であるから、相当の人気を博しているに相違ないが、ルノワールは別格としても、モネやボナールにも遠く及ばない。オルセー河岸の行列は、このほどほどの人気を反映した長さだった。むしろ、行列ができたことを驚くべきかもしれない。行列ができたわけも、またかなり待たされたわけも、中に入ると合点がいった。出品数が八十点足らずと多くない上に、展示空間も小さいので、観客がなかなか退出しないのだ。シスレーの絵にそれだけの魅力があることも確かである。その品のよさが藝術的な深みとなって、見る者を引きつけ、幸福な気持にさせる。

＊

この展覧会を観に行って、シスレーに関する幾つかの事実を知った。先ず第一は、かれの両親がイギリス人だった、ということである。「フランス的」とは何か、「イギリス的」とは何なのかについて、言葉で説明することは難しいが、シスレーを純粋にフランス的な画家と思っていたわたくしは、この事実に相当驚いた。だが、藝術では血が問題なのか、それとも育ちが決定的な要素なのか。これは埒のあかない議論になるだろう。ただ、《シスレーはイギリス人だった》という血の事実を知らなかったとしても、フランス人ならばわたくしほどに驚きはしないだろう、という気がする。アメリカ人にしても同じことだ。「なにじん」であるかに強くこだわるわれわれの見方が、特殊なのかもしれない。

次に、若いシスレーが「コローの弟子」を自認していた、ということがある（一八六六年の『サロン展』のカタログでの自己紹介）。そう言われて、樹木の画き方、特に枝ぶりに似通ったものをみとめて納得したが、これも素人の思いつきに過ぎない。

シスレーに関して真先に心に浮かぶのは、その絵がモネと、そして特にピサロと区別がつかない、ということだ。ならば、何故、モネが頭ぬけて有名で、かつ人気も高いのか、という難問も生じてくる。それは、ボナールに対するヴュイヤールの場合にも、同じことが言える。おそらくは、モネやボナールには、間違いようがなくモネ的、ボナール的な作風のものがあるが、逆のケースはあまりない、というところに答があるのか、と思われるが、あまり釈然としない。見分けのつかない絵の前に立ったとき、名札を見ずに作者の名前を言ってみるが、半分は外れる。つまり、全く見分けがついていない、ということだ。面白いと思ったのは、同時代の人びとにとっても事情は同様だった、ということである。マラルメは言っていた、「クロード・モネ、シスレー、そしてピサロ……上っ面しか見ないひとならば、これらの全作品がただ一人の人物のものと思うかもしれない」。同じく、この三者の見分けがつかないことを指摘したアルマン・シルヴェストルという人物は、「少し研究すれば、じきに分かる」として、三者の特徴を次のように言い表している。「モネ氏は最も大胆であり、シスレー氏は最も調和的で、最もおずおずしている(craintif)。ピサロ氏は最も現実的で最も素朴である」。シルヴェストルが様式もしくは筆法、あるいは全体の調子のなかに違いを見ているのに対して、マラルメはむしろ主題もしくは素材の面に注目している。すなわち、これら三者には三様の「好みの素材」がある、というのである。かれの言う“ses morceaux d'excution favoris”というフランス語が何を指しているのか、厳密なところは分からないが、《好んで描く題材》というような意味に理解した。素材と言い題材といっても、伝統的なジャンル概念のように(宗教、歴史、肖像、風俗、静物、風景など)、大雑把なものではない。シスレーにおけるそれは次の如くである。「シスレーは日中の逃げてゆく瞬間を固定する。過ぎてゆく雲を観察し、それを飛んでゆくさまにおいて描いているように思われる。かれの画布のうえ、生きた空気が移りゆき、木の葉はなおも震えそよいでいる」。マラルメによれば、シスレーのシスレー的なところは、風景のなかで瞬間の瞬間的な相を捉えたことにある。それが、シルヴェストルの見ていたものと一致するのかどうか、わたくしには分からない、何しろいまだに見分けがつくという自信は全くないのだから。ただ、わたくしがシスレーの画面のなかに感じている魅力に即して言うならば、シルヴェストルの言葉に近いかもしれない。

＊

わたくしが最も深く魅了されたのは、『サン・ジェルマンの台地、春 La Terasse de Saint-Germain, printemps』（一八七五）と題する一点である。これはかつて観たことのない作品だ。サン・ジェルマンと言っても、パリ市内のサン・ジェルマン・デ・プレのことではない。パリの西方、セーヌ川が大きく二度三度と蛇行する、その辺りに位置するサン・ジェルマン・アン・レイのことである。古いお城があり、王家の居城だったこともある。太陽王ルイ十四世が生まれ育った城としても、知られている。勿論、ヴェルサイユが存在しなかった頃の話である。シスレーはモネと同じように、パリ西方のセーヌ流域の様々な町、もしくは村に、好んで住んだ。この絵は、サン・ジェルマンの南に位置するマルリー・ル・ロワという町に住んだときに、セーヌ河畔のル・ポール・マルリー（マルリー港の意味）という村の辺りから、サン・ジェルマンを見遙して描いたものだという。

シスレーの風景画の多くは、中景に焦点が置かれているが、この絵の見所は近景と遠景のバラン

シスレー『サン・ジェルマンの台地，春』1875，ボルティモア，The Walters Art Gallery蔵

スにある。そこから、シスレーには珍しい大きく開けた大気の感覚が生まれた。先ず目を奪うのは、画面手前、丘のなだらかな傾斜に広がる果樹園である。すもものかアーモンドであろう、その白い花が大地の春を彩っている。その木々の間を緩やかにうねる小道を、一人の女性がこちらに登ってくるさまも、懐かしい。右手の、果樹園の向こうには、館と館を包む森が見え、更にその向こうには平地が広がる。丘の傾斜は、手前と左手に向かって上がってくるが、その丘は左手に回り込んでから奥へと延びて、右手の奥へ、視界の広がりのままに続いてゆく。左手奥の丘の上、白っぽい建物が立っている。その形状から判定できるほどはっきりしているわけではないが、位置からしてサン・ジェルマンのお城である。すると、その向こうの丘の続きこそ、表題に

言う「台地」である。この台地すなわち La Terrasse は殆ど固有名詞で、お城に続く庭園（いまでは往時の面影はない）のはずれ、台地の先端に位置する展望台の空間である。わたくしも、ここに立って、下に広がるセーヌの「谷」（「ヴァイカースハイムの庭」の章を見よ）の眺望を楽しんだ。シスレーの画面では、この「台地」の下に村落の家々が点在し、右手のセーヌ川にかかる鉄橋につながっている。

この鉄橋である。この鉄橋が軸となって、わたくしのなかに根を下ろしていた記憶のなかの空間が、ぐるぐるっと回転したかのような感覚を覚えた。この鉄橋は鉄道のものである。旅行案内を読むと、パリとこのふもとの村ル・ペックを結ぶ鉄道は、一八三七年に開通したもので、鉄道史初期の幹線だったらしい（シスレーの絵は一八七五年に画かれている）。当時の所要時間二十五分というのは、随分と速い感じがする。今はＲＥＲと呼ばれる中距離電車が、パリとサン・ジェルマン・アン・レイを結んでいる。つまり、この鉄橋を渡った電車は丘の中腹からトンネルに入り、左手にまわりこんで、終点のサン・ジェルマンの駅に着く。お城のわきの「台地」から平地を見渡したとき、（シスレーの絵で見るのとは逆に）鉄橋はわたくしの左手の方にあり、このときわたくしは、「ああ、あそこをさっき渡ってきたんだ」という確認をしている。この台地から見ると、この絵を画いているときのシスレーの視点（それはこの絵を見ているわたくしの視点でもあるが）は、右手の彼方に位置づけられる。それが今、この絵を見ながら、奥に小さく描かれた鉄橋が、あの台地から見たＲＥＲの鉄橋だったのだ、と認知したとき、画家＝この絵を見ているわたくしの視点は、《あの台地から見て右手の方》として定位された。つまり、わたくしが身体で知っている或る空間に関係づけられた。それと同時に、この画面の空間は《わたくしの知っている空間》となった。

　つまり、空間を知っているということは、決して《絵を見る》ようなものではない。風景のパノラマを楽しんでいるような場合にも、目だけが関与しているのではなく、全身を風景のなかに根づかせ、風景をわたくしの身体のなかへと組み込んでいるのである。このようにして知った空間のなかでは、視点の変更はかなり自在に行われるものらしい。わたくしがその空間のなかの、別の未知の視点に立つ力をもっているのでなければ、シスレーの絵を見て、それを自分の知っているのと同一の空間を描いたものとして判定することは不可能であろう。

　シスレーの絵に現実空間の厚みをみとめたとき、奥の鉄橋が触媒の作用を果たした。しかし、それは一体次のうちのいずれだったのだろうか。その橋をわたくしの見たあの橋として同定したときに、初めて画面の全体が「現実味」を帯びてきたのか。それとも、その同定がなされるためにも、画面が無表情な平面ではなく、或る空間の感覚を立ち上がらせて、わたくしの身体感覚的な空間の記憶を刺戟することが必要だったのではないか。事実、問題の橋は画面のなかではあまり目立たないもので、形の特異性によってあの橋と同定されるようなものではなかった。おそらくそうなのだ。この閃きの体験は、決して一筋縄のものではなく、複雑にからまりあったプロセスの賜物なのだ。絵に既に空間の厚みを喚起する力を認めなくては、何も始まらない。

＊

シスレーの『サン・ジェルマンの台地、春』は七三・六センチ×九九・六センチというサイズである。その画面のなかに描かれた空間の広がりに比して、このタブローの大きさは目立って小ぶりである。しかし、作品を味わったあとでは、分かる。シスレーにはこれ以上の大きさは無用だった。というよりも、思いもよらないことだった。そのサイズは、画家のつつましやかさ、「おずおずとした」性格の表現なのである。そう考えたとき、わたくしは、見分けのつかなかったシスレーの世界のなかに、一歩踏み込むことができたように思った。

4　その後のポーランド

ショパンの生家（ジェラゾヴァ・ヴォラ）へのバス・ツアーは、週に一度、日曜日にしかない。そう聞かされて、逡巡したあげく、わたくしどもはワルシャワ滞在を一日延ばし、このツアーに参加した。ショパンの音楽が大好きで、その好きなショパンが生まれ育ったその場所を、是非とも訪れてみたい、と思ったのである。この種の「接触」への執着は、何故のものなのか。おそらくは、ゆかりのひとに対する愛情を自ら確認する、ということが動機の重要な部分を占めているのであろう。そのかぎりで、感傷的なところがないわけではない。ジェラゾヴァ・ヴォラはワルシャワの西約五〇キロのところに位置する小邑である。

ところが、ショパンへの想いから参加したこの小旅行は、思いがけず、現実を考える機縁となった。このエッセーのなかで語りたいと思うのは、ショパンのことでもなければ、その生家のことでもない。ジェラゾヴァ・ヴォラへの道すがら立ち寄ったザボルフにまつわる、一つの思索である。

ガイドの女性は、ゆっくりとした英語を話す。わたくしにもよく分かる英語なのだが、話題が歴史に触れてくると、とたんに、わたくしの注意力が散漫になってくる。聞いたことのない固有名詞がたくさん出てくるのに閉口し、あまりに細かな事情の説明についてゆけなくなる。歴史とともに、話題があちらこちらの国に飛んでゆくのを聞いていると、国境線というものの感覚が変わってしまう。勿論、独自の言語をもったポーランド民族にとって、国の消滅が耐えがたい苦痛であったことは、容易に想像がつくし、その苦難の歴史への同情は、哀愁を帯びたその民謡のふしへの共感とともに、わたくしをこの国と国民に引きつけてきたものである。しかし、ガイドの語る歴史のなかでは、王侯の結婚によって簡単に国境線は変わったし、人びとは国境線を越えて簡単に移り住んだ。ザボルフは、そのような伝統のなかの、最近の歴史に関わっている。

その事情は次のようなものである。第二次世界大戦の前、少数の大地主は大きな館に住み、大多数の農民は、その土地を借りて耕し、自分で造った小さな家に住んでいた。ところが、終戦と共に起こった社会主義革命は、事情を一変させた。大地主はその特権を剝奪され、国外に追われるとともに、その館はうち捨てられて、荒れるに任された。そのような館を修復することは、近年に始まった動きで、ザボルフもその一つである。この館は、ポーランドのジャーナリスト協会が修復し、会員の福祉施設として、また会議場として利用している。修復された古い館の一例として、ツアーの見学の場所にも選ばれたわけである。

訪れてみると、ザボルフは十分立派な館であり、広大な庭が美しい。しかし、驚かされたのは、見学を終えてバスに乗り込んでからのガイドの説明である。すなわち、最近の共産党政権の崩壊の結果、この館についても訴訟が起こっている。イギリスに亡命していた前の所有者の娘が、所有権を主張して訴訟を起こした。その言い分では、この館はゆえなく奪われたものである。そして、ジャーナリスト協会が修復したと言っても、自分たちがこの館を追われたとき、館は修復を必要とする状態ではなかった。自分にはその修復費用さえ負担すべき謂われはない。即刻、無償で返還せよ、というのである。この事情を語ったあとで、「従って、この館の所有者が誰であるのか、実はよく分からない」と言って、ガイドはこの話題を閉じた。このコメントは、ガイド自身のものであろうが、急激な政変に伴う国民の困惑を物語っているように思われた。この種の訴訟は、きっと枚挙にいとまがないに相違ないし、これからも起こってくることだろう。歴史は逆転したのか。

訴訟の主が幼少期をその館で過ごした、ということを知れば、その気持が分からないではない。しかし、この話を聞いたときの率直な印象では、「機に乗じた厚かましさ」を感じずにはいられなかった。現在は、旧体制の否定が政治と人びとの気持を動かしているにせよ、共産党政権の施策のすべてが否定されるべきものであるとは、とても思われない。わたくしのように、多くの人びととともに、近年の共産党政権の崩壊を熱い思いで支持した者であっても、そう思う。そもそもそれは、五十年近くの時間を支配した現実なのである。確かに、その現実は否定すべきものである、というのが近年に示された歴史の判定ではあった。しかし、それは結果の判定であって、共産党政権が基盤において不当なものだった、ということではない。むしろ、本当に一握りの地主の手から土地を解放したことは、なされるべき正義の改革だった。この地主たちの所有権そのものに、ある種の不正義を感ずるからこそ、旧に復せよというこの訴訟に対してわたくしは、他人事ながら腹立たしささえ感じたものである。

この腹立ちは、一方では連綿として続く歴史のなかに、原点となりうるような正義の時期が存在するのか、という疑問に、そして他方では、富の分配に関して何が正義なのか、という思いに、わたくしを誘った。いずれも、単純だが、永遠にして解きがたい課題である。

同じ土地の上にさまざまな歴史が書き込まれ、集積してゆく。その結果は、まさしく、考古学的な地層図そのものである。トロイアの遺跡には、いったい、何層の歴史が堆積していることか。地層図が描かれているということは、考古学者たちが、その下の層まで掘り進んだ、ということである。上の層は図面に姿を変えた上で、地層そのものとしては切り崩されて、下の層の発掘のために場所を譲ってゆく。しかし、「プリアモスのトロイア」のように、歴史的に重要な層が中程にある場合、そして、われわれの文化的な関心からいって、その層を保存したいと思う場合、どうするのか。しかも、そのような層が複数存在することさえあるのではないか、イエルサレムの歴史がそうであるように。

この難問について、考古学者たちがどのような解決策を見つけ、どのように対処しているのか、詳らかにはしない。しかし、可能な選択肢はそうたくさんあるわけではない。場所を決めて、保存する層を選択する、という以外に手はないのではないか。だが、そもそも考古学者にとって、予めそれが最も重要と分かっているような層など存在しないであろう。未知の歴史を知りたいと思えばこそ、発掘がなされる。だから、ある層の保存という要求は、考古学者に対して現実的な妥協を強いるものにほかなるまい。ときには、歴史的な重要性のゆえに、妥協の要求が、学者のみならず住民の生活にまで及ぶこともある。文化財や景観の保存のために、生活環境の改善を拒まれている人びとのあることを、われわれは知っている。そうなると逆に、「現在の生活」は考古学者に対して妥協を要求することになる。この妥協の要求がいかに強いものであるかということもまた、狭い国土に住むわれわれが頻繁に見聞きしていることである。

われわれは地球号という周航船に乗りあわせた乗客である。やがて次の乗客たちに場所を譲り渡してゆかなければならない。解決されなかった不正義の爪あとを残したまま、また考古学者の無念を乗せたまま、船は周航してゆく。

＊

ポーランドの四月は、浅黄色の春である。輪作のためであろう、耕された黄土色と若草の薄みどりいろとが、縞模様をなして大地を彩る。木立や並木も密ではない。ところどころ、さくらんぼうの白い花が、おずおずとした華やぎを添えている。点在する農家は、いまでも、農夫自身がれんがを積み、二、三年をかけて造るのだという。そこにあるのは、過ぎていった歴史の変化を知らないような、悠久の光景である。

家族とともにそのポーランドに旅して、もう一つ歴史の歪みを思い知らされたことがある。アウシュヴィッツを訪れたとき、ユダヤ人や思想犯だけでなく、ジプシーの人びとが集団的に収容された、という事実を、わたくしは初めて知った。観光地にゆけば、物乞いをしているジプシーがいやでも目につく。ユダヤ人の場合とは別の意味で、かれらを「一掃する」ということは、いかにもナチスの考えそうなことである。しかも、ユダヤ人のことが大戦後の思想的政治的大問題となったのにひきかえ、かれらのことは問題にもされなかった、それほどに無力な人びとである。わたくしをポーランドに招いてくれたグダニスク大学のボホダン・チェミドックは、グダニスクの古い城門のところにジプシーの姿を認め、「ここにもジプシーと呼ばれる“extremely poor people”がいます」と言った。かれの口からもれると、この“poor”ということばは、「貧乏な」というよりも「気の毒な」という意味に響く。

クラクフの市内でのことである。家内にしつこくまとわりついてきたジプシーの少女を、わたくしは思わず強く拒んだ。拒まれ、うつむいて淋しく戻ってゆく少女の横顔が、わたくしの心に焼きついて消えない。長くカールした睫毛さえ、いまも目に見える思いがする。このような拒絶の積み重ねが、彼女の心を固くさせてゆくに相違ない。生まれたときから定まっているこの不幸は、古い地層に根ざしたものであり、断じて彼女の責任ではない。わたくしは思った、男を翻弄するエスメラルダやカルメンの美貌は、この歴史の不正義に対して、ジプシーのなしうる唯一の復讐なのではないかと。せめてあの少女が美しい女に成長するのを祈ろう。わたくしには、それしかできることがない。

5　理想都市の現実

並木の黒い影だけが続いている。本当に人っこ一人いない。駅員はたしか、二本目の道を右に行け、と言ったはずである。十分くらいのところ、とも聞いたはずだが、随分遠く感じられる。わたくしの右手には開けた空間があったが、いつのまにかかなり高さのある影の塊が現れてきて、威圧的に視界を遮っている。土手のように見える。……

＊

ボローニャから乗ったユーロ・シティの特急は、運賃に近い位の割増料金を取られたにもかかわらず、途中の駅で長々と停車してからは、完全に鈍行列車のスピードになってしまった。ヴェネチア・メストレを過ぎて、チェルヴィニャーノに着いたときには既に一時間以上遅れていた。ここは、特急の止まる幹線の駅としては、心細い雰囲気だ。それでも売店があり、客待ちのタクシーもいたし、レストランのネオンが見えていた。そのレストランでピッツァを食べ、ローカル線の接続列車に乗れば、目指すパルマノーヴァは次の駅。十分ほどの距離である。

パルマノーヴァに降りてみると、チェルヴィニャーノはやはり幹線の駅だったと思えてくる。ここには売店はないし、タクシーはいない、駅前にはバーが一軒あるだけである。しかも面くらったのは、この駅がパルマノーヴァの町からはかなり離れているらしいことである。町にホテルがある、

ウディーネ門

ということだけを確かめて、わたくしは歩き出した。
突き当たりが二本目の曲がり角で、そこを右に曲がると、なるほど、直線的に伸びた道の前方に、オレンジ色にライトアップされて石の門が見えてきた。近づくと左手には、一目で水道橋と判る石のアーチが見える。市の城門を通る。両脇を円柱に固められた通路は、車一台が通れる幅しかないから、信号で出入りを交互に行う。シンメトリーにデザインされた門の屋上には、オベリスクの形の尖塔や、とんがり屋根の見張り小屋とおぼしきものがある。建築史家ヴィットリオ・ウーゴが「イタリアで実現された唯一の理想都市」として教えてくれたパルマノーヴァの、三つの市門の一つ、ウディーネ門である。
その狭い通路をゆくと、思いがけず、ぽっかりとした中庭状のかなり広い空間にでる。その向こうに、もう一度、石の門の通路があるわけである。この中庭の左右には大きな暖炉が切られており、更に二階部分があって、ギャラリーになっている。美的にも立派な建築物である。そして、中空には大きな木製の車輪が設置されている。門扉を開けるためのものかと思ったが、後で調べて判ったのは、かつて門の外の堀に撥ね上げ橋が掛かっていて、それを上げ下げするのに用いたもの、ということである。

まっすぐの道をそのまま行くと、異常に大きな円形の中央広場に出る。遠くから見えていたネオン・サインも、十時を過ぎたせいか、わたくしが辿り着いたときには消えていて、心細い。運よくゆきあった五十がらみの親切な紳士に教えられ、どうにかホテルを探しあてることができた。そこのロビーには、町の全体を描いた昔の版画を拡大したものが飾ってある(図版を見よ)。パルマノーヴァは、九角形の各頂点に稜堡を置いた星形をしており、函館の五稜郭の祖形のような町である。五稜郭はこのようなルネッサンスのプランを、三百年も後に模倣したということになる。

ド・ラ・クロワの古版画（16 世紀末）

版画のなかでは、中央広場に高い監視塔のようなものが描かれていて気になった。広場を通ってきたが、そんなものを見た記憶はない。しかし、五月にしては異常な暑さのなかの、心許ない長旅に疲れて、この夜はそのまま床についた。

＊

翌朝、町中を歩き回り、わずかながら手に入る限りの資料を買い込んだ。このエッセーを書くに当たってこれらの資料を読み、遅まきながら、この理想都市の輪郭が見えてきた。当然、現地で見逃してしまったものが沢山ある。いつものことだ。残念だが、後の祭りである。

プランの記述から始めよう。円を画く。中心点から下に向かって鉛直に直線を引く。そしてこれを起点として、円周を三等分する形で、やはり中心点から半径の線を引き、外に向かって延長する。するとこれが町のメイン・ストリートである。これらの道と円周との交点に門があり、この三カ所以外に、町の外に通じる道はない。左上が昨夜通ったウディーネ門、ホテルの前を通る右上の道筋にあるのはチヴィダーレ門、下のが正門に相当するアクィレイア門である。この半径の線を逆方向に延長して直径とする。これも、三本のメイン・ストリートと同じ道幅の道路だが、町の外周をなす土手にぶつかって、そこで途切れている。中央広場は円形と思ったが、実は六角形であり、各辺の中央にこの六本の道路が接続する形になっている。次に、この六等分された中心角をそれぞれ三等分する。これが二級の放射状道路だが、これらは広場に接してはいない。広場の外に外周を含めて四本の周回道路があり、その広場の次のものからこれらの道路が出ている。従って外周では十八本の放射道路が数えられる。円周とこの放射道路が交わる点の一つおきの位置に、九つの稜堡が外に向かって張り出している。(門は二つの稜堡の間に来るような位置関係である)。

サイズは大きくない。わたくしが早足で歩くと、直径部分を横切るのに十分ほどしかかからない。稜堡の一つに立って外を見ると、昨夜、土手のように見えた影は、町の外周をなす九角の星形とそれを巡る堀の、さらに外に二層にわたって設置された防塞の一つの石積みであったことが判る。

町は今も当初のプランをかなりよく保存している。ほぼ全域にわたって人が住んでいるらしい。

数軒のレストランやカフェもあるし、かなり大きなスーパー・マーケットもある。町の外にも、アパート状の建物が点在している。これらの人びとは何によって生活しているのか。つまり、この町の生存の基盤は何なのか。そして、そもそもは何を基盤とする町であったのか。この疑問を解く鍵は、実は、町を歩いていて出会ったもう一つの問いのなかに隠されていた。すなわち、アクィレイア門の近くに「武器庫」という建物を見つけて、わたくしは、何故このような小さな田舎町に武器庫があるのか、と疑問を覚えたのである。これらの疑問は、町の歴史を振り返らなくては解けない。

パルマノーヴァをわたくしは「理想」都市とばかり思っていたが、その実態は城砦都市と言う方が適切である。ここは、オーストリアとトルコの脅威に対抗して、北の国境の防備を固めるために、十六世紀末にヴェネチア共和国が建設したものである。平原に拓かれた町だが、その近くにはパルマーダという村があった。そして、レパントの海戦の戦勝記念日に礎石を置いたこの町には、勝利の棕櫚（palma）への期待をも込めて、新しいパルマ（パルマノーヴァ）という名が与えられたのである。計画の中心にいたのはジューリオ・サヴォルニャン（G. SAVORGNAN）という老練な技師だが、そのプランをかれ一人の創案と見ることはできないらしい。ただし、三つの門とカテドラルの設計は、はっきりとスカモッツィによるものとされている。着工の翌年には、四千の人員を動員して工事が進められ、世紀の変わり目の頃、星形の外壁はほぼ完成したという。三つの門もそれぞれ一五九五年、一六〇四年、一六〇五年に造られている。

建設に伴うさまざまなドラマを想像することができる。特に敵を刺戟するはずの前線基地である。

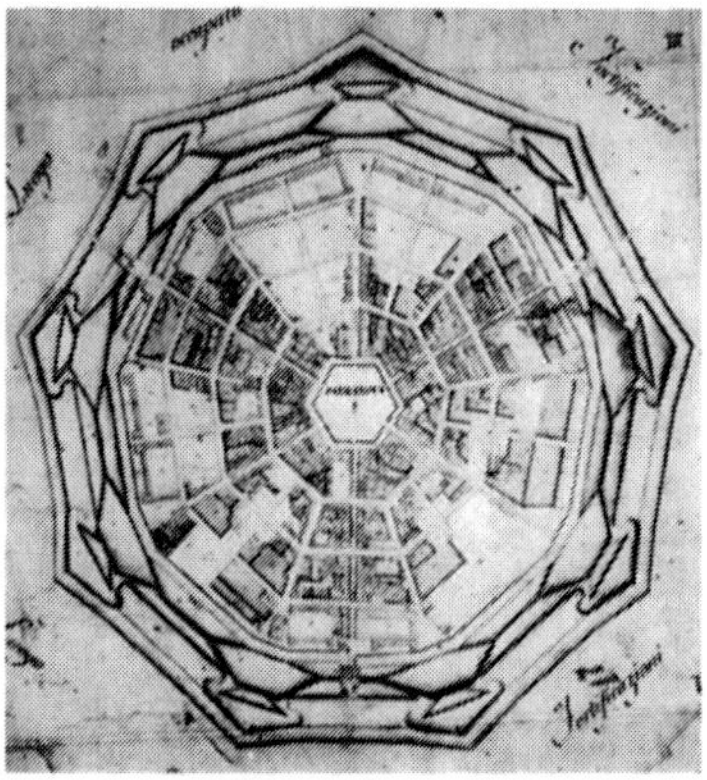

19世紀はじめの町の状況

工事は急がなければならず、そのためには多くの人員が必要で、しかもここには、それらの人びとのための住居その他、生活の足場がなかった。兵舎は一五九六～一六三五年に、十二棟が外壁の内側に建てられ、計三千五百人の収容能力を得た、という。わたくしがアクィレイア門の近くで見た「武器庫」は、このような由来のものだったし、三つの門が居住性を備えていたのは、かなりの数の兵士を置いて町の守りを固めるためだったのである。一六一五年のオーストリアとの戦いの際に、ヴェネチアは多くの兵員をパルマノーヴァに結集させ、その要塞としての能力に初めてものを言わせた。

ホテルで見た古版画に戻ろう。これはド・ラ・クロワという人の手になるもので、一五九八年以前に公表されている。「リアル」に画かれているので、町の当初の姿を伝えているもの、とわたくしは思ってしまった。しかし、少しよく見ると、広場の「監視塔」だけでなく、門の形が違うし、カテドラルの位置も違う。それも当然でカテドラルは一六一五年にようやく着工されている。通り抜け自由の門の形は、城砦都市にはありえないことで、画家の理解が観念的であることを物語っている。監視塔は、外よりも内に向けられたもののように考えられるが、監視すべき空間とひとがいたのか。ここで面白いのは、時代を追う形で残されてきた数枚の街路図である。一六七七年のものでは、兵舎を除くと、広場の周りと三本の主要道路のところにしか建物がない。十九世紀初頭の図では、線が面になりつつあり、半世紀後にようやく七割ほどの空間に建物が見られる。

共和国政府の慫慂にもかかわらず、ここに住む民間人は少なく、十八世紀末にようやく二千人にこぎつけた、という。危険地帯であってみれば、当然である。そして皮肉なことに、フランス革命に始まる激動期を迎え、理想都市は敵を呼び寄せる。パルマノーヴァは、フランス、オーストリアにヴェネチアを加えた三者の間の戦闘の場となる。要塞としての能力を発揮し始めたのも、この頃からのことである。ゆうべわたくしがその影を見た一番外側の防塞は、ナポレオンによって築かれたものである。

これが「理想都市」の現実である。なるほど3の倍数で組み立てられたそのプランには、宗教的形而上学的な理想への眼差しがこめられている、と言えよう。そしてその象徴性は、ルネッサンスの時代思潮と照応している。しかし、パルマノーヴァは端的に要塞として構想されたのであり、都市生活に関する理想から生み出されたものではない。振り返ってみれば、この時代にさまざまな建築家が画いた理想都市のプランはどれも、人の生活に関する理解を欠いている。その意味では、〝città ideale〟は「観念的都市」と理解すべきものなのかもしれない。

理想都市の観念性は、或る意味で、城砦都市としてのパルマノーヴァのなかに最も鮮明に現れている。そもそも理想都市のプランはどれも、星形をしており、要塞という性格を持っている。それはなかの住民の生命と生活を守るためのものである、という風にわたくしは理解していた。しかし、

神の目で見たパルマノーヴァ

実現された唯一の理想都市は、住民のいない都市であり、遠く離れたヴェネチアを守るための砦であった。住民はこの砦の機能を維持するために必要とされたにすぎない。極論すれば、この理想都市は、住民ともどもヴェネチアの安全を守るためのものだった。

*

パルマノーヴァは、明らかに火器の時代に対応しており、中世の都市とは成立の基盤を異にしている。その発想も土地の選定も、大砲の射程距離を最も重要な決定要因として、成されたものである。既にそれは、目と接触の時代が過ぎ去り、紙の上の計算による抽象の時代が始まったことを意味している。定規で引かれたその街路を、いま歩いてみても、また記憶に残されたその印象を反芻してみても、一寸面白いとは思うが、人肌の温かみが感じられない。

いまや大砲の時代も過ぎ、その軍事的拠点としての意味は失われてしまったことであろう。パルマノーヴァは歴史の流れに取り残された陸の孤島のように見える。それでも、その歴史のなかで、現在ほど住民がいたことはないのではないか。そこでもう一度、あの疑問が戻ってくる。その人びとは何によって生計を立てているのだろうか。いまなお多くの兵舎が残っているところを見ると、軍事的意味のない単なる駐屯地で、他の住民はその兵士たちの生活を支えることによって生計を立てる、という昔ながらの構造が続いているのかもしれない。わたくしの入手した資料には、この種の現代生活に関する情報が欠けている。いずれにせよ、これだけの時間をかけて初めて、抽象的な計画は、人間の自然に適合しうるものになってきたのではないか。風化しはじめた稜堡に、その時間と自然が映し出されている。それは人間の作品というものの一面を表しているように見える。

一五九三年十月七日に最初の礎石を置いた（公式記録）パルマノーヴァは、来年秋、建市四百年を迎える。

夏に——

6　映像の詩

デファンス地区は、パリの経済的活力を西の郊外に向かって吹き出したものである。その中心に立つラ・グラン・タルシェは、ルーヴル宮の中庭に立つカルーゼルの凱旋門とエトワール広場の凱旋門を結ぶ軸の上にある。造形的には全くの愚行としか見えないこの巨大な新しい凱旋門の前には、やはり広大な広場が設けられている。七月末の夜、この広場でわたくしは、アベル・ガンスの大作『ナポレオン』を観た。

三夜にわたるこの催しにおいて、第一夜はこの作品の第一部を、第二夜は第二部を、そして第三夜は一部二部を通して上映する。グラン・タルシェを背にして縦十一・三メートル、幅は三幅対の形で四十五メートルのスクリーンが仮設され、その前にはオーケストラ用の舞台、そして六千人分の椅子が並べられた。開始時間は、九時半と予告されていたが、この時期のパリは、九時半でもなお薄暮である。暗くなるのを待って、実際に上映の始まったのは十時、そして、途中で休憩をはさみながら、全篇にわたる第三夜の上映が終わったのは明け方の五時である。

それでなくとも、夏の終わりを思わせる日が続いていた。ましてや深夜の戸外、コンクリートの広場の上は、本当に冷え込んでくる。そこで、毛布が配られる。その毛布にくるまって、わたくしは、実は第二部の大半を居眠りして過ごしてしまった。第一部を驚嘆しつつ見ていたにもかかわらず、である。だから、この作品の全体を語る資格など、わたくしにはない。しかし、この第一部を見て、わたくしは初めて「映像の詩」という表現が、単にメタファーとしてではなく、文字通りの意味においても、真でありうる、ということを経験し、認識した。この経験は、映像について何かを語っているだけでなく、詩の本質についても照射するところがある。そのことを書き留めておきたい。

*

ガンスの『ナポレオン』は、一九二七年にパリのオペラ座で初上映されて空前の大成功を収めた無声映画である。全体は編年体的につなげられた六つの「時期《ペリオード》」に分割されている。今回の上映における第一部第二部の区別は、単にこの六つの「時期」を中間で分割したものに過ぎない。またこれは、制作当時においても批判のあったほど、五千人のエキストラを動員するなど、巨額の費用をかけて作ったスペクタクル映画である。特に、折々、三つのスクリーンに同時に映写するアイディアのことを聞けば、一層その印象を強くするに相違ない。しかし、それは決して単なるスペクタクル映画ではない。

無声映画に音楽は不可欠である。それは殆ど生理的な必要でさえある。目がある現実的な変化の相を追うとき、耳もまた変化の音を要求するらしい。今回は、初演時にならって、アルチュール・オネゲル（とマリュス・コンスタン――このひとの名は初演時の記録のなかにはない。現在舞台音楽の分野で活躍する作曲家で、おそらくオネゲルの原曲を補作したのであろう）の音楽を、ギャルド・レピュビュリケーヌ交響楽団が演奏していた。なによりも驚嘆したのは、音楽と画面とが非常によく同調していることである。例えば、第一部の最後は「第三の時期」に当たる「トゥーロンの攻囲」だが、ここにはさかんに大砲を撃つシーンが出てくる。そのとき、音楽は大太鼓を鳴らすのだが、これが驚くほど画面と一致しているのである。作曲家の計算も見事ならば、指揮者の制御も見事である。

音楽があるとき、われわれは容易に、それが無声映画であることを忘れる。かつてわたくしは、教会のなかでオルガンの即興演奏つきで上映されたカール・ドライヤーの『裁かれるジャンヌ』を、観たことがある。しかし、このときは、当然、どうしても音楽の表情が、画面の表情に一呼吸遅れてくる。それが面白くもあれば、また不快でもあった。『ナポレオン』の音楽は、全く違う。それは映像と合わせて一つの表現を構成している。そしてこの音楽は、「映像の詩」にとって不可欠の、充実した背景となっている。

ではその映像のなかに、なぜ、わたくしは詩を感じたのか。先ず、入口にある映画の基本的な構造としては、最少の言葉と多くの記述、ということがある。この場合の「言葉」とは、主として発言であり、せりふである。そしてこの場合の「記述」は、目に見える対象や風景の描写のことである。この「記述」は、主語を説明する述語に相当するから、「意味効果」と読み変えることができよう。するとこの基本構造は、最小の言葉と最大の意味効果となるが、ここに示された表現のエコノミーは、詩の構造以外の何物でもない。

無声映画において言葉は字幕に示され、記述は映像によって担われる。ガンスの字幕は、二つの種類に大別される。一方においてかれは、歴史的な客観性を重んじて、史料を引用する。他方においては、当然のことながら、登場人物のせりふが字幕に書き出される。これらは物語の骨格を理解させるための手段である。通常考えられているらしきところとは違い、映像は、事実を確実に伝えるという能力に欠けている。いかに詳細を究めた現実の映像といえども、いいかえれば、それが何であるのかという概念的な認知がなければ、それは事実の映像という意味をもちえない。そもそも『ナポレオン』のように多人数の登場する映画においては、顔の映像を通して人物を同定することさえ、決して易しいことではない。実を言えば、この映画においてナポレオンに影のように付き添うトリスタン・フルーリ一家のサブ・プロットを、わたくしはついに知覚しなかった。そのようなわけで、言葉は不可欠である。しかし、それは徹底して切り詰められなければならない。そうでなければ、映画は煩瑣で見るに耐えないものとなるであろう。

次は映像による記述である。ガンスの映像は本当に美しい。一例を挙げよう。「第二時期」の前半は「コルシカでのナポレオン」を扱っている。「一七九二年十月、イギリスより国を守るための方策を探れ、という国民公会の命を受けて、ボナパルトは故郷に帰る」と字幕は語る。そして、家族との再会もつかのま、イギリス派やイタリア派の人びとに追われて、ナポレオンは島を脱出する羽目になる。既に嵐をはらんだ空を背景に、浜辺を馬で逃げるかれと、同じく馬でかれを追う人びととの姿が逆光で写し出されるロングのシーンは、フィルムの特質を遺憾なく活かして、美しい。

それは、詩ならば、優れた言語感覚の詩人が、多くの言葉を費やしてはじめて実現することのできるような、効果である。このような映像には、言葉との関係においてのみならず、それ自体において、表現のエコノミーという特質がみとめられる。それは映像の詩そのものである。

「最少の言葉プラス多くの記述」という構造は、叙情詩のものであることも可能だが、『ナポレオン』の詩は明らかに叙事詩的なものである。無声映画として言葉を切り詰めた結果、対話に基づくべきドラマは、既に射程の外にある。そして歴史のなかの主要な事実だけを、客観的に太い筆致で描くことは、まさに叙事詩の本領である。

しかし、それが単なる「叙事」ではなく、詩でもあるためには、更にもう一つ重要な契機が必要である。それはすなわち、藝術家の詩的意志とでも呼ぶべきものである。（西欧語で「ポエティック」とは「詩的」である以前に「創作的」という意味をもっていたことを、考えあわせてほしい）。詩は事実のものであるよりは、表現に属している。例を挙げたほうが分かり易い。

島を脱出する直前、市役所に現れたナポレオンは、そこの大きな三色旗を奪う。部屋で密議をこらしていたイギリス派の面々は、そこに落ちていた旗の影の変化でこの異変を知り、あわてふためく。そんなかれらに向かってナポレオンは、言い放つ。「これはわたしがもらってゆく。これは君らには大きすぎる」。この設定にも、大見得を切ったせりふにも、トーキー以降の映画には滅多に見られないほどあからさまな表現意欲が、示されている。

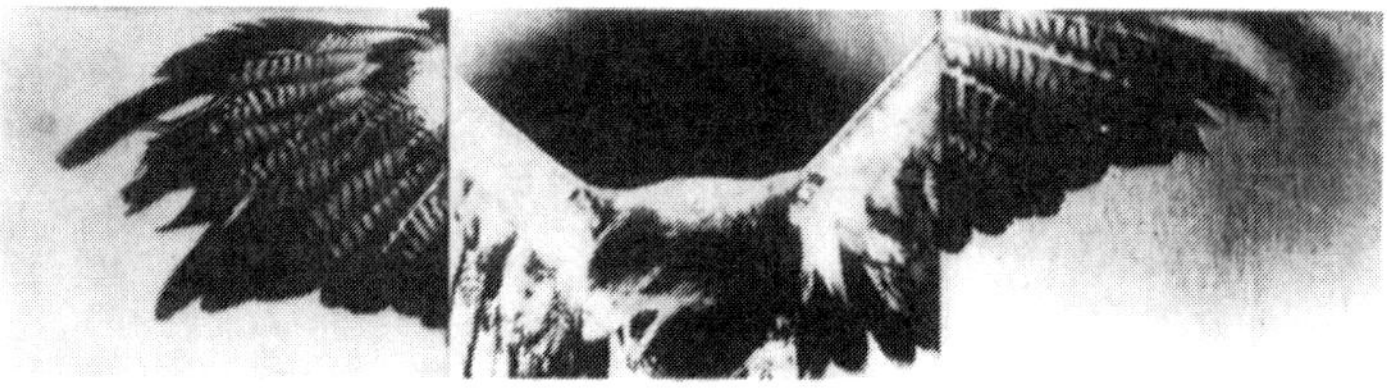

アベル・ガンス『ナポレオン』1925（写真 Kevin Brownlow）

三色旗のモチーフは更に展開される。追われたナポレオンは、浜辺に小舟を見つけ、馬を捨てて海に逃れる。しかし、この舟には艪もなければ帆もない。そこでかれは、奪った三色旗を帆として掲げ、小舟を操って嵐の海へと出てゆく。このいかにも作りものめいた設定と映像のなかに、作者はナポレオンについての見方、歴史についての思想を結晶させようとしている。そしてわれわれは、そこに吟唱する詩人の呼吸を聴くのである。

アベル・ガンスの詩的意志は、続く「二つのあらし」の部分で、最高度の表現を示す。この表題は、あらしの海原に玩ばれるナポレオンと、山岳派の攻撃にさらされるジロンド派の境遇を意味しており、作者は英雄の個人史と革命の一般史とを重ね合わせているのである。海の映像も見事だ。どのようにして撮ったものか、大きな怒涛が観客に迫ってくる。この自然のダイナミスムに対抗するように、歴史の激動を描くためにガンスは、カメラを大きく揺らしつつ議会を描く。二つのあらしの交錯が切迫してゆき、その頂点で、三つの画面が用いられる。全体が一つになったり、両側が海で真ん中が議会というような、様々なヴァリエーションの組み合わせが交替してゆき、全体として「激動」の音楽のような表現を達成している。

三つの画面を、シネマスコープのような一つなぎの画面として用いる手法は、特に最後のイタリア遠征の戦場の場面において効果を挙げていた。三台の映写機で映されたものとしては、技術的にも相当の成功と言ってよい。また、このほかの新鮮な手法としては、三つの画面を用いつつ、その両端のフィルムそのものを赤と青に染めて、フランスの国旗を重ね焼きにするものが、強い印象を残している。

＊

『ナポレオン』にみなぎっているのは、表現のあらゆる可能性を開発しようとする意欲である。それは、ルーチン化したトーキーの作品のあらゆる創意を、矮小なものと見せるのに十分である。その「映像の詩」は、貧困さの状況を有利なものへと転化したところに生まれたものである。この傑作を観たあとでは、自づから一つの問いが浮かんでくる。「何故、いま、無声映画を創るひとがいないのか」と。トーキーは、無条件に優れたものと言えるのであろうか。この問いに答えることは、見掛けほど易しくはなさそうである。

7　パリのアメリカ人

ガーシュインの名曲『パリのアメリカ人』は、どなたも御存知であろう。そして、この曲を知っておいでの方ならばどなたも、この曲の描写している情景を御存知のはずである。しかし、その知識は正確であろうか。

少なくともわたくしの場合、この曲について、あるいはこの曲をめぐって、自分の形成しているイメージが、或る歪みをおびていることに気付き、その歪みに興味を覚え始めている。その関心は、東京―ニューヨーク―パリの「三角関係」に関わっている。いま、この三角形を、一辺分だけずらしてながめてみたいと思う。

『パリのアメリカ人』は、「花の都パリ」におけるアメリカ人の「お上りさん」ぶりを描いている。その情景をわたくしは、直ちに「形而上的」に受け止め、《ヨーロッパの正統的な文化に対する新興成金のアメリカ》という図式に要約してきた。だからこそ、「パリのアメリカ人」という表題を、ガーシュインの音楽をはなれて、象徴的な意味あいのもとに理解してもきた。それは、真の文化的情景のなかに置かれた成り金の滑稽さ、花の都のお上りさん、を表すイディオムである。これは、わたくし独りの受けとめ方などではなく、かなり一般的なものであるように思うが、それはさしあたり重要なことではない。

だが、われわれはガーシュインの音楽を、本当に「パリにおけるアメリカ人」の描写として聴いているのだろうか。明らかに否である、と思う。これは、わたくし自身、自らを振り返ってみて驚いたことなのだが、わたくしは、この曲のなかで描かれた情景をパリではなく、ニューヨークに投影して受け止めている。多くのひとがそうしているはずだ、というのは、わたくしの勝手な思い込みだろうか。少なくともわたくし自身は、間違いなくそうしてきた。自動車のクラクションは、パリよりもニューヨークに相応しい。そして、ミュートをつけたトランペットや、シンコペートされたリズム、独特の強弱のつけ方のようなジャズのイディオムは、ニューヨークのものでしかありえない。だから、あの曲をきいて自然にイメージしていたのは、摩天楼の不夜城ニューヨークであった。

物質文明のうえでもパリがニューヨークをリードしていた一九二〇年代の状況は、殆どわれわれの想像力を超えている。そのことが一方にあり、他方では、パリでアメリカ人がしばしば田舎者扱いされるという現実がある。この両者が相まって、『パリのアメリカ人』像の歪みが生まれてきたわけである。だが、「パリのアメリカ人」の象徴性は、わたくしが思っていたよりも、はるかに複雑で根の深いものらしい。

パリのなかのアメリカと言えば、いまや何を措いてもマクドナルドとディズニー・ランドである。

多くのフランス人がこの話題には反応するはずである。その際、かれらにとっては、これらを否定し罵倒するのが、「よきフランス人」であることを示す安全な態度であるように見える。アメリカ文化の代表するのが、ハンバーガー・ショップと遊園地というのは、いささか淋しい。それを鼻先で笑うフランス人の文化的自負心ももっとも、と思える。

しかし、マクドナルドは、フランスに上陸以来十五年以上になろうが、その間に着実に発展してきた。フランス人たちが否定する理由を、まさに裏返した理由によって、支持を受け、フランスの伝統的な生活様式に風穴をあけてきた。問題は味覚にあるのでは全くない。一人でも、またいつでも食べられる、ということがその武器であり、それはまさに現代の生活が要求していたところである。「レストラン」でありながら、味覚以外の点で勝負しているという意味で、少なくともフランスにおいてマクドナルドは、食文化におけるアヴァン・ギャルドなのである。また、ディズニー・ランドは、子供と若者に決して優しいとは言えなかったフランス文化の欠を補っている。不人気の噂が絶えないが、わたくしは長期的には有望であると思う。

或いは事態は、ずっと切迫しているのかもしれない。「ウーロ・ディスネ」は、フランス政府の積極的な誘致策を前提としていた。昨年四月十二日の開園に際しては、「文化的なチェルノブイリ」という演出家A・ムヌシュキンの挑発的コメントを一方の極とし、他方では、これを「文化的侵略」と見ることを否定し、それのもたらす素晴らしい経済効果を強調する大臣たちの発言が伝えられた。「たかが遊園地」どころの話ではない。

そもそも、本格的な文化の領域においても、フランスは、アメリカに対する優位をとうの昔に失っているのではないか。美術に限らずモダン・アートと呼びうるような藝術運動が、おしなべてアメリカのリードのもとに展開されてきたことは、周知の事実である。アメリカン・ポップスはいわゆる「シャンソン」の世界に浸透し、英語でうたを歌う歌手がいくらもいる。その英語について言えば、フランス人が英語をしゃべらない、しゃべりたがらない、というのは、いまや伝説にすぎない。むしろ英語をしゃべりたがるスノッブが少なくない。滑稽なのは、学問の世界における「アメリカ語」と言う表記法である。イギリス人の書いた論文まで、「アメリカ語からの翻訳」と明記してあったりする。フランス人のなかには、その口の悪さとは裏腹に、アメリカへの気持の強い傾斜がみとめられる。

＊

フランスのなかのアメリカを、わたくしが意識しはじめたのは、ジャン＝ピエール・マルティ氏と出会ったのが、一つのきっかけである。氏の知遇をえたのは、一九九一年秋、国立音楽大学の主催したモーツァルトの国際シンポジウムの折のことである。かれはモーツァルト学者ではない。むしろ演奏家として活躍してきたひとだが、この年、独創的な大著『モーツァルトのテンポ』で注目を集めていた。フランスの若者には「悪がき《ガマン》」の感じのするひとが多いが、おそらく六十歳くらいと思われるマルティさんには、いまだその雰囲気が残っている。この魅力的な人物は、「フォンテーヌブローにおける夏期アメリカ音楽院院長」という肩書とともに紹介されていた。このポストは、バイリンガルである氏に全く相応しいが、この教育機関そのものが不可解な印象を与えた。そしてこの肩書を見てわたくしは、二十年近く前の留学の折のこと、パリの郊外都市ヌイイで「アメリカ病院」という看板を見つけたときの、或る違和感を思い出していた。

今回、研究のためにパリにやってきて、クリッシーのカフェでマルティさんと再会した。招かれて、家族とともに夏のフォンテーヌブローでのコンサートにうかがい、そのあと学生食堂での夕食の御相伴にも与かった。このような機会に説明を聞き、この音楽院がいかなるものであるかが、ようやく判ってきた。すなわちそれは、第一次世界大戦の末期に、アメリカの軍楽隊を訓練するために設けられた機関を前身として、一九二一年に永続的な教育機関として設立されたものである。夏の間に、アメリカの音楽学生に、選り抜きのスタッフによるフランス音楽の教育を施すとともに、ヨーロッパを知る機会を与える、というのがその狙いだった。今年からはアメリカ人以外にも門戸を開いたが、残念ながら日本からの参加者は得られなかった、と言ってマルティさんは残念そうであった。

わたくしも、マルティさんへの友情ゆえに、日本からの参加者が出てきてほしいと思うが、同時に、その希望者がいなかったという理由も判る気がする。この種の講習会が珍しくなっている、ということの他に、初めにも書いたように、少なくとも文化の領域においては、「パリのアメリカ人」はわれわれにいかがわしい印象を与えるのである。

この音楽院の設立の事情は、まさにガーシュインの名曲の生まれた時代の文化地図を裏書きしている。当時アメリカは、物質文明においても精神文化においても、フランスの優位を何の衒いもなく認めていたのである。また、今世紀における二つの大戦は、アメリカを、音楽においてさえ、ドイツではなくフランスに近づけた理由を、容易に説明してくれるであろう。しかし、このような絆を結ばせるような関係が、両国の間には、それまで既にあったはずである。

＊

自由の女神の像がパリに二つある、と聞けば驚くひとが多いのではないか。この二カ所は、観光客がよく訪れる場所でもない。そして、ニューヨークの自由の女神像が、フランスからの贈り物であった、という事実さえ知っているひとは、多くないだろう。

この像のオリジナルは、いまもリュクサンブール公園の片隅にひっそりとたたずむブロンズ像で、等身大の二倍に満たないような大きさである。ニューヨークのものは、アメリカ独立百年を祝うフランス政府の贈物である。そして第三の像は、その返礼に、ニューヨークのものよりはずっと小ぶりな、しかし原作よりはずっと大きなものを作って、アメリカ政府がフランス政府に贈ったもので、現在、セーヌ川の川中島の一つ「白鳥の小径」に立っている（今年〔一九九八年〕、「フランス年」とやらで東京湾にやってくるのは、この三つめの自由の女神である）。

このやりとりの原点には、当然、アメリカ独立戦争へのフランスの参加という事実があり、「敵の敵は味方」という論理が、政治的にもこの二つの国を近づけてきたはずである。この関係の一つの表現が、ガーシュインの『パリのアメリカ人』であり、もう一つの結実が「フォンテーヌブローのアメリカ音楽院」であった。それから六十年以上がたち、両国の力関係は、政治的にも文化的にも逆転した。フランス人が、マクドナルドやディズニー・ランドに対して示す軽蔑のしぐさには、斜陽の名家の若旦那の趣がないわけではない。しかし忘れてはなるまい、この長い歴史がかれらを結んでいることを。それは日本人の「フランス好き」などとは比べ物にならない深い絆である。

フランスで見る世界地図では、フランス、アメリカ両国は、大西洋を挟んで、一衣帯水の間にある。そして日本は、右のはずれにあって、はるかに遠く、そしておそらくは目に入りにくい。

リュクサンブール公園　自由の女神原像

「白鳥の小径」の自由の女神像

注――この文章を書いてから、少なくとも二つの大きな変化があった。読者にとってはどうでもよいことのようだが、わたくしには気にかかる。一つは、「ウーロ・ディスネ」が巨額の赤字を出していることを認めた、という報道である。それは倒産もしくは撤退が心配されるほどの深刻さの印象を与えた。その後の状況は分からない。事業の展開が続いていることは間違いない。フランス国内だけでなく、オランダでもユーロ・ディズニーへのツアーが募集されていたし、またパリの空港から「ウーロ・ディスネ」への交通はいよいよ便利になっている。もう一つはマルティさんの消息で、かれは経営陣と対立して、あっさりと「フォンテンブローのアメリカ音楽院院長」を辞職してしまった。報酬の点では割りが合わない、とこぼしていたから、大きな未練はなかったろう。わたくしもまた、心の片隅で、日本から夏のフォンテンブローへ音楽を勉強にゆく学生たちのことを心配する、という友情の責務から解放された。マルティさんは、いま、トゥルーズの音楽院の教授を勤めている。もうそろそろ、ショパンについての新著が完成している頃だろう。

8　かけだしのオペラ

藝術活動を行うにはお金がかかる、と言えば、異論が出てくるかもしれない。藝術は元手いらずのよい商売だ、と言われる方もあろう。例えば、カラオケの好きな方ならば、本職の歌手を羨ましく思われるかもしれない。自分は財布と相談しながら、狭い空間のなかで、辛うじて大きな声で歌うことができるというのに、歌手の方は大勢の人を前に心ゆくまで好きな歌を歌っている。それは労働などと言うものではなく、道楽のようなものだ。しかも、われわれが額に汗して稼ぐのとは比較にならない高収入を得ているではないか。そのよい例がピカソである。好きな絵を短時間に沢山画いて、それがすべて目の玉の飛び出るような値段で売られてゆく。城館《シャトー》を含めて幾つもの豪邸をもっていた、というほどの富豪だったではないか……。

だが、それは成功者の場合である。しかも、その成功者は、藝術を志したひとの総数のなかから見ると、ごくごく少数だ。何人に一人くらいなのかは判らないが、印象としては、宝くじの当せん率のようなものではなかろうか。だから、一人ひとりの立場から見れば、藝術を志すのはばくちのようなものだ。しかし、全体から見れば、宝くじを買うひとが沢山いて初めて、幸運な当せん者が生まれる。おそらく藝術の場合も同様であり、大勢の志望者がいなければ、真の天才も成功者も生まれてこない。成功した藝術家たちの報酬が正当かどうかは、勿論議論することができる。しかしそれは「政治経済学」の問題である。わたくしがいま考えているのは、この「はずれ券」を含めての社会全体の生産コストのことである。成功した藝術家の必要経費の問題ではなく、われわれ各人に関わるこれは問題だ。例えばわが家にも、ぶら下がり健康機はないが、ほこりをかぶったピアノならば一台ある。

全体のコストとして、特にわたくしの念頭にあるのは、美術学校や音楽学校で学ぶ学生の数である。日本では「教養のため」という教育観があり、藝術大学で学ぶ学生のすべてが藝術の専門家になろうとしているわけではない。なりたくてもなれまい、とうすうす思っている学生は少なくない。また、「教養」は挫折の慰めになるところもある。たとえ藝術家になれなくとも、支払った授業料は「教養」のためのコストだったのだ。だが欧米では、専門への志向性ははるかに明確なのではなかろうか。そして、あくまで藝術の道に進もうとする若者たちにとって、競争は苛酷であり、仕事の場を得ることは容易でない。そこで本題の「かけだしのオペラ」である。いまだ当たりくじをつかんでいない藝術家のたまごたちが、自分で活動の場を創っている、という話である。これは、社会にとって、投資された生産コストを少しでも有効に回収する一策だ。

＊

わたくしはパリで、そのような若者たちの作るオペラを二つ観た。その他にも一、二のグループがあるらしい。ここでは「ソット・ヴォーチェ」というグループのことを書きたい。かれらの仕事の内情に通じているわけではない。しかし、一介の観客としてのぞき見たその活動は、十分にわたくしの関心をひくものだった。

わたくしの観たのは、モーツァルトの『コシ・ファン・トゥッテ』で、この出し物に引かれて、殆ど何の予備知識もなしに出かけた。『コシ』はわたくしの大好きなオペラだが、それだけではない。同じ頃、こちらは大劇場のシャトレ座がこの同じ演目を上演することになっていて、J・E・ガーディナーが指揮とともに演出を担当する。この舞台に大きな関心をもっていたわたくしは、作品の復習と予習とを兼ねて、この公演をのぞいてみよう、と思い立ったのである。(因みにガーディナーの素晴らしい舞台については、評論めいた長い文章を書いた。拙著『演出の時代』(春秋社)を参照して頂きたい)。


さて、その劇場、タンブール・ロワイヤル劇場はパリの北東部の十一区にある。地下鉄の駅から五分ほどのその道は、お世辞にもよい環境とは言いかねる。帰りの夜道が心配になってくる。番地をたよりに探し当てると、表通りから引っ込んだ狭い路地に、劇場の入口がある。どう見ても場末の劇場で、それも劇場の玄関というよりも、まるで楽屋口だ。既に人びとがたむろしているが、なかなか中に入れてくれない。壁にはやはり粗末なガラス張りの掲示板があり、そこには、コピーした新聞評などが張ってある。

その中のビラの一枚によれば、ここは元、一八七九年に開場したコンセール・デュ・コメルスという小屋で、一九二四年まで続いていた。それが一九八八年にいまの名前で再び劇場としての門を開いた、ということだ。そして、モーリス・シュヴァリエが一九〇二年にこのコンセール・デュ・

コメルスでデビューしたということが、この劇場の歴史のなかで、特筆すべき唯一の事件であるらしい。

何より驚くべきは、六四年間にわたって使われずにいた劇場が、再び活用されている、という事実である。このようなことは、東京では全く考えられない。パリでは他にも例がある。有名なイギリスの演出家ピーター・ブルックが本拠地としている「ブッフ・デュ・ノール」も、火災にあって長い間放置されていた十九世紀の劇場の廃墟だ（これについても上掲の拙著を参照してほしい）。探せば他にも似た例があるだろうし、さらにいまも眠っている劇場があるに相違ない。劇場の数が多ければ、使用料金も安くなる。若者の藝術活動にとっては極めて大きな意味をもっている。わたくしが観たときの入場料は一三〇フラン（当時の換算レートで約三千円）、同じ年の暮れに別の劇場で行うと予告されていた公演では、それが約二倍になっていた。

タンブール・ロワイヤル劇場は、改装されていない。中に入るとそれが判る。二階の客席への通路は狭い階段が一本あるだけで、日本ならばとても消防署が使用を許可すまい、と思われる。何故、外で延々と待たされたかというわけも、やがてよく判った。それは六月末のことだったが、暑くてたまらない。天井に明かり採りの窓が開いているのだが、それが、冷房のない劇場に外気の入る唯一の開口部なのだ。幕間には、客はみな、外に出て涼を取る。座席数は百ということだが、空間はもう少しゆったりした印象を与える。

「ソット・ヴォーチェ」は、殆どの役をトリプル・キャストにして、パリの多くの劇場が休演する月曜日を除いて連日、公演を行っていた。かれらは同じ作品を二〜三月にも公演していたので、この夏の上演は再演に当たる。場数を踏んだということがよく窺える舞台だった。ここでわたくしは、パリの若い藝術家のたまごたちの活動の様子を伝えたいと思っているので、作品や上演について評論めいたことを語る気はない。しかし、わたくしがこの上演を十分に愉しんだ、ということは、是非とも言っておく必要がある。オーケストラのパートは一台のピアノが演奏する。残念ながら、聴きごたえのあるような声の歌手はいない。装置もシンプル、衣裳もおそらく手作りである。しかし、制約のなかで、きちんとした解釈に立ってデザインされている。特に演出には、見るべきものがあった。

観客が面白い。オペラ座やシャトレ座の観客とは全く違う。上演中にものを食べている人がいる。子供づれの客もいるが、親たちは子供のおしゃべりにも無頓着だ。会話を聞いていると、これがどのような作品であるのかを、知らずに来ているひとが多いのではないか、と思われた。或いはモーツァルトが何者であるのかさえ知らない、という人が混じっていたとしても不思議はない。そんな雰囲気だった。しかし、かれらも『コシ・ファン・トゥッテ』を愉しんだ。最後は大喝采だった。だれもが満足して家路についた。(心配した帰り道も、杞憂にすぎなかった)。そして、観客を満足させた若い藝術家たちにとっても、幸せな一夜だったに相違ない。かなたの星となったモーツァルトもにんまりしている、かと思われた。

*

このオペラ劇団を主宰しているのはカトリーヌ・ルヌー＝バリーという女性歌手で、自ら主役の一つであるドラベッラを歌っていた。この活動を維持するのは、並大抵の努力ではあるまいと思われる。上演から得られる収入は、彼女たちの才能とこれまでに受けた教育（つまり彼女たちが行った先行投資）に見合うものではあるまい。いつか桧舞台に立つことを夢見て、悪条件と闘っているのかもしれない。その夢は夢に終わるかもしれない。おそらくは夢に終わるだろう。しかし、愉しい一宵を過ごした観客の目から見ると、彼女らかれらの仕事は、パリの音楽生活あるいは演劇生活のなかに溶け込んで、ごく自然なあり方をしていると思われた。わたくしがそれを「自然」と言うのは、次のような意味である。

例えばわたくしが『コシ・ファン・トゥッテ』というオペラを最初に知ったのは、レコードを通してである。殆どのひとがそうだろう。録音されている演奏はどれも、名歌手たちが歌い、一流の指揮者が世界屈指のオーケストラを指揮しているものだ。その質は、「ソット・ヴォーチェ」が太刀打ちできるようなものではない。文字通りレベルが違い、格が違う。しかし、その名演奏はオペラではなく、オペラというスペクタクルの音楽の部分だけの録音にすぎない。本来その音楽は、舞台を観ながら聴くべき音楽なのである。レコードでオペラを聴くのは、愉しさも半分、そして何よりも不自然である。オペラの上演は、藝術家から観客への、つまりひとからひとへのコミュニケーションだ。タンブール・ロワイヤル劇場の行儀の悪い観客たちの送った喝采は、その触れ合いに満足しての祝福だった。だから、かれらも藝術家たちも幸福だったのだ。ところが、レコードは、ひとのいない音のまぼろしである。それは記号のようなものだ。レコードでオペラを聴くのは、どこか自閉症めいている。

わたくしは人並み以上にレコードが好きなのだが、それでも思う、十組の名演奏のレコードを聴くよりも、「ソット・ヴォーチェ」の一夜の舞台を見る方が、楽しくもあれば、作品もよく判る、と。日本には沢山の音楽大学があり、声楽を学ぶ学生も多い。そのなかには、当然、卒業して音楽を捨ててしまうひとも多いに相違ない。その教育成果を、かれら彼女ら一個の教養で終わらせるのは損失だ。そのようなひとたちのなかから、このようなオペラ劇団ができてくる余地はないのだろうか。現に、小劇場や喫茶店などでのオペラ公演が行われている。更に簡素な舞台、更に無名の若い歌手たちでよい。更に身近な上演が望ましい。劇場の使用料はネックである。しかし、おそらく最大の障害は、レコードになれ親しんでいるために、一流の「世界的な」演奏家しか受け付けないファンたちの、そういう意識かもしれない。それは、われわれの西欧化した文化生活が本質的に貧困なものであることの証であり、われわれの文化に巣くった根深い歪みのように思われる。

9　ヴァイカースハイムの庭

かつて留学した折の恩師ジャン・ドプラン先生は、いまどき珍しい古風な学者だ。日本なら、さしづめ江戸時代の国学者と言ったところだろうか。徹底して言葉にこだわる。われわれも「えーと」とか「つまり」とか無意味な音や単語を、つい口にしがちだ。それも、繰り返し。先生はこれがお嫌いである。ゼミの時間にある学生が発表をしたときに、その「つまり」を数えてらして、「君は何十何回つまりと言った」と指摘されたこともあった。

そのドプラン先生にパリでお逢いしたとき、最近興味をもっておいでのこととして、「谷のない山はない」という諺の由来を挙げられた。いま数冊のフランス語辞典を引いて見ると、そのなかの一冊だけにこの諺が載っており、どんな長所も裏返せば短所になる、という趣旨の説明が加えられていた。諺の意味に定説はない。というよりもありえない。辞典の記述は一つの目安というくらいに見ておくのが、無難だ。と言っても、ここで諺の意味を議論しようというのではない。ドプラン先生を持ち出したのは、文字通りの「山と谷」をドイツのロマンチック街道で経験したからで、その経験のゆきついたところが表題のヴァイカースハイムの庭である。ここではこの庭のことを書きたいと思っている。

格別の関心がなくとも、ロマンチック街道という名前を耳にしたことのあるひとは少なくあるまい。そして、この名を聞くと、誰でもほのかな旅情に誘われるのではなかろうか。いかにも日本人好みの名で、少々出来すぎているとさえ見える。わたくしなどは、てっきり日本人がでっち上げた観光コースかと思い込んでいた。しかし、それはとんだ下衆の勘ぐりで、歴史もあれば由緒もある、れっきとした実在の街道だった。古代ローマの時代にイタリアと北海沿岸地方とを結んでいた通商路に由来し、その一部分、北から下ってアルプスの麓に到る南ドイツの三百数十キロの部分が、今日ロマンチック街道と呼ばれている。地方色ゆたかな中世都市が点在し、南端には有名なルートヴィッヒ二世のお城がある。日本人の間でのその人気のほどは、道標に示されている。この街道沿いには、ピカピカの銅張りの立派な道標が、そこかしこに立っている。三ケ国語が使われているが、ドイツ語と英語と、もう一つは日本語で、しかもそれは英語よりも上に置かれているのである。

パリからドイツ旅行を思い立ったきっかけは、友人の音楽学者礒山雅君がやってくることだったが、家内と娘がロマンチック街道に憧れていたことも動機の一つだ。そこで礒山君につきあってもらい、この街道を殆ど全コース走破した。そして、北上してバイロイトでかれと別れたあと、パリへ戻る道すがら、もう一度、北端の部分を通ることにした。案内書に「タウバー川の生んだ溪谷美」という言葉があり、家内と娘はこれに執心だったからである。初めのときそれらしきところは全く通らなかったのだから、道を間違えたのではないか、というのが彼女たちの主張だった。わたくしは、文化的なギャップもしくは案内書の誤訳の匂いを捕らえたが、二人の論客を説き伏せられるほどに、確信があるわけではない。車を運転していたのはわたくし自身で、そのロマンチック街道は一筋の道とは言いがたく、事実初めに通ったときには、その辺りで道を間違えている。もう一度行ってみても悪くはない。

もう一度行ってみたが、やはり「タウバー川の渓谷美」は見当たらない。家内や娘はどのような風景を期待していたのだろう。そもそも、われわれが「渓谷美」と言うとき、何を思い浮かべるだろうか。かなり深い谷で、大きな岩が連なり、そこを清冽な急流がかけくだる。その谷川を覆うように緑の木々が重なり、秋には紅葉が見られる。つまり深山幽谷である。ところが、タウバー川というのは小川に毛の生えた程度の川で、しかもかなり開けた平地をゆるやかに流れている。谷のない山はないし、山のない谷はない。たしかにここにも山らしきものがないわけではない。しかしそれは丘と呼ぶべきなだらかな高地で、しかもその丘が重なって谷が刻まれているというわけではない。「タウバー川の渓谷美」はどこへ行ってしまったのだろうか。

今度はわたくしも道を間違えはしなかった。そこで、わたくしの推測も元気が出てきた。一言で言えば、旅行案内の筆者が参照した外国語にあった「谷」という単語を、言わば誤訳したのである。それは、わたくしの記憶のなかのかすかな疑問符を呼び覚ましていた。例えば、フランスのリヨンから南へ真っ直ぐに下るローヌ川という大河がある。この辺りは、ゆったりと広く、まさに平野と言う他はない所なのだが、「ローヌの谷」と呼ばれている。変だなと思いつつ、調べもせずにきたが、「タウバー川の渓谷」にぶつかっては仕方がない。辞書を引いてみると、英和辞典と仏和辞典の「谷」の項には、はたして「川の流域」という意味が載っていた。「ローヌの谷」とは「ローヌ流域」のことであり、「タウバー川の渓谷」とは「タウバー川流域」というだけのことにすぎず、その風景が谷とは正反対の平らな田園であっても、おかしくはない。

考えてみるに、「谷間のともしび」というアメリカ民謡の歌詞について持っていたイメージにも、同じギャップがあったのではないだろうか。「谷間のわが家」をわたくしは、切り立った山裾にへばりつくように建てられた家としてイメージしてきたが、多分、ずっと開けた風景を考えるべきなのだろう。おそらく同じことが「峠のわが家」にも言える。峠にどうして家を建てることができたのか、子供ごころにわたくしには不思議でならなかった。きっとその峠も、「大菩薩峠」のようなところではなかったのだ。

＊

タウバー川の渓谷美はまぼろしだった。しかし、まぼろしを求めたことは、まんざら無駄ではなかった。そのタウバー川の「渓谷」で、思いがけず、美しいヴァイカースハイムの庭にめぐりあったからである。

めぐりあいとは言っても、行き当たりばったりに見つけたわけではない。旅行案内で説明を読んでいたし、そこには庭の写真も出ていた。庭の中央にあるヘラクレスの噴水から城館を振り返るそのアングルの写真は、絵はがきにもなっているし、いろいろな種類のパンフレット類にも使われている。それは、庭と城館という二つの見所を一枚の構図に収めたものゆえ、好んで選ばれるのだろう。しかし、写真から受けていた印象と、その場の雰囲気は全くと言ってよいほどに違っている。

少なくとも、この庭を支配している安らぎに満ちた優しい明るさは、その写真からは感じられなかった。

ヴァイカースハイムの城は、ロマンチック街道からやや引っ込んだところにあり、ひっそりした印象を与える。われわれが訪れたのは、夜来の雨はあがったものの、時折、日が差したり雨が落ちてきたりする、そんな晩夏の昼下がりだった。小さな広場から掘割にかかる短い石の橋を渡ると、城の入口だ。ここはホーエンローエという伯爵家の居城で、記録の上で十二世紀までさかのぼる。ここに今見る城館は、ホーエンローエ家がこの地に移ってきた十六世紀末に着手され、次の世紀の初めに完成されたものである。煉瓦状の石を積んで作った三階建ての建物で、急勾配の高い屋根を赤い小さな瓦で葺いてある。

アーケードをくぐると中庭に出る。いびつな三角形の庭で、そこを囲む建物の配置が風変わりだ。次のウィングの建物の中央に、やはり小さなアーチ状の通路が開いていて、庭に通じている。この暗い通路に立ったとき、既にこの庭はわたくしの心を捉えていた。最初に目に入ったのは、中央の噴水とかなたの丘のなだらかな稜線だったに相違ない。しかし、何かを知覚するよりも早く、その魅力が心に染み込んで、わたくしは小さな嘆声を洩らしていた。

通路を抜けて城館の外側に出ると、中世に城を囲んでいた小さな掘割に、再び橋がかかっている。その石積みの壁に、石垣いちごならぬ石垣ぶどうが栽培されている。この橋の正面に広がる庭は、十八世紀にダニエル・マチューという人が設計したもので、イタリア＝フランス式の整形庭園であ

ヴァイカースハイム，ヘラクレスの噴水と城館

る。おおよそ幅が三十メートル、奥行きが六十メートルという広さは、お城の庭としては極めて小ぶりだ。十文字の散歩道によって、芝生の空間は四つに分けられ、その十文字の交点、つまり全体の中央に、大きな丸い池があり、その中央にヘラクレスの噴水がある。ヘラクレスがヒュドラ（水蛇）を退治しているギリシア神話の場面をかたどったもので、かれの締め上げる怪物の口から水を吹き上げる、という趣向だ。庭のはずれは、全幅の池で区切られ、更にその向こうには、左右の二棟に分かれたオランジュリー（温室）の建物があるのだが、池から先は修復中で、散策することはできなかった。

ここで感じるなつかしい安らぎは何ゆえのものなのだろう。幾何学的な区割りや、点在する彫像、そして中央の噴水など、道具立ては紛れもなくイタリア＝フランス式の整形庭園で、わ

ヴァイカースハイム，城館より見た庭園

れわれ日本人には最も強い違和感を覚える種類のものだ。しかし、この庭園で経験した好ましい感じは、どこでも覚えたことのないものである。いくつかの要因が考えられる。先ず、植えられた花が金盞花やマリーゴールド、ダリアその他、ひなびたもので、しかも、無造作に並べられている。多くのフランスの庭では、大量のベゴニアを使って幾何学図形や市の紋章などをかたどったりしているが、そのような輪郭線のきつさはヴァイカースハイムには無縁である。木にしても、潅木は刈り込まれているが、その形には、ヴェルサイユで見るような強い人工性は感じられない。そして高い木は自由に伸びている。この慎ましやかで、こだわりのないゆとりが、全体のたたずまいの根底にある。イギリス式と呼ばれる風景式庭園の趣味の始まりが、実は、手入れの行き届かなくなったヴェルサイユの庭だった、という説が思い起こされる。人の頭脳の幾何学と、自然の自由な生命力との綱引きの問題なのだ。

しかし、ヴァイカースハイムの魅力をなす最も大きな要因は、周囲の丘陵を見はるかす開放感のように思われる。ここでは彼方の丘が借景である。ヴェルサイユやその原型となったヴォー・ル・ヴィコントの庭は、いずれも有名なル・ノートルの造ったものだが、周囲から深い森で囲い込まれていて、隔絶した独立の空間を形作っている。大きな権力によって初めて可能なことだが、作り物の印象を免れない。ヴァイカースハイムの広さでは、初めからそのようなことは無理に決まっている。無理をせずに周囲との調和が図られている。そのくつろいだ態度が、あの感じのよい印象を生み出すもとに相違ない。言うまでもなく、山のない谷はない。タウバー川と掘割の水が、丘の借景を得て、自然な安らぎを与えてくれるのだろう。

城館に入って内部を見学する。庭に面したウィングの窓からは、この庭がよく見える。上から見下ろしても、印象が変わらないのは、自然の懐に抱かれた空間なればこそだ。見学を終えて出てくると、再び土砂降りの雨。名残惜しさに、あの庭に通じる通路に行ってみると、雨のなか、遥に霞んで、ヘラクレスの像はなおも天に向かって水を噴き上げていた。

10 パンと見せ物

パリの夏は短い。盛夏があっけなく薄れてゆくと、この都市が北にあることをあらためて意識することになる。パリの緯度は、樺太の旧日ソ国境の高さにある。つまり、われわれの知らない緯度なのである。それを思えば、パリの気候は異常に温かい、とも言える。八月も末になると、日中は暑くとも、朝夕は肌寒い。そのパリからマドリッドへ下ると、そこは未だ真夏日の続く夏である。マドリッドとて、緯度からすれば青森あたりに相当する。しかし、気候の点では間違いなく南国である。

そのマドリッドで、初めて闘牛を見た。

闘牛は別にスペインだけのものではない。南仏にも、アルルやニームを始めとして古代ローマの闘技場の遺跡があり、それを使っていまも闘牛が行われている。しかし、南仏に留学していたときにも、闘牛を見たことはない。多くのひとがそうだと思うが、わたくしもまた闘牛というものを、『カルメン』や『陽はまた昇る』を通して知っていたにすぎない。やはり、スペインが本場だ。そこでわれわれも、夏休み中で来ていた息子を加え、家族四人で闘牛見物に出掛けた。

日中の日射しは、スペクタクルどころではない。というわけで、闘牛は夕刻に始まる。夕刻とはいえ、われわれの感覚では日中と変わらないくらいに空は青く、西日はきつい。マドリッドの闘牛場は、古代の遺跡ではなく、新しいスタジアムだ。料金表がすごい。内野席に外野席などという大雑把なものではなく、日向と日陰では大きくランクが違うだけでなく、一列ごと一段ごとに細かく値段が変わる。ほどほどの席に陣取った。

始めのセレモニーが美しい。東側のスタンドにいて、西日を正面から受けた三人のらっぱ吹きと一人の太鼓叩きがファンファーレを鳴らす。二人の馬上の男が闘牛士たちを先導して入ってくる。そして、正面の貴賓席に向かってかれらを紹介する、という趣向である。われわれはスペクタクルの民主主義に慣れきっている。貧富の差や運不運によって座席に違いはあっても、スペクタクルは観客全員のためのものだと思っている。うならせる大向こうがいてこそ芝居なのだし、ホームランの打球が観客の列を分けて飛び込むとき、外野席こそ主人公と見える。しかし、この民主主義もまた近代の所産なのだろう。かつて、スペクタクルは特定の誰かのものだった。そして庶民はその御相伴に与っていただけなのだ。神楽や相撲は神さまのためのものだったし、フランスのバロック・オペラは、ルイ十四世のために演出されたのだ。闘牛に主賓がいてもおかしくはない。主賓がいる以上、この紹介のセレモニーを欠かすわけにはいかない。それから闘牛が始まる。

北側の上段にいる楽隊が、さしずめスペイン演歌といった節まわしで音楽を奏でる。ややあって、その音楽を断ち切るように、先刻の四人のラッパ隊がファンファーレを吹き鳴らすと、北のゲートから大きな黒い牛が突進してくる。数人の闘牛士が例の布をひらつかせて、牛の突進をかわす。これはどうやら、牛の闘争心をかき立てているらしい。牛は鼻息荒く、後ろ足で砂を蹴って、攻撃すべき標的を探している。少しすると、北東と南西のゲートからプロテクターをつけた馬に乗った男（ピカドール）が一人ずつ、槍を構えて登場する。かれらは馬の上から、突きかかってくる牛の背中に、二度三度と槍をつき立てる。この攻撃で、牛は一層興奮するに相違ないが、力は明らかに弱ってくる。さらに数人の闘牛士が、ある者は布をひらつかせて牛をけしかけつつ、その注意を逸らし、また別の者はその間に、短い槍を次々と牛の背中に突き刺してゆく。

このようにして牛が適度に弱ったところで、ファンファーレとともに主役の闘牛士《マタドール》が登場する。かれは貴賓席に向かって一礼し、帽子を地面に置く。そして、何度か牛の突進をかわしてから、その布の陰に隠している剣を牛に突き立てる。深く刺していても、急所を外しているに相違ない。牛はまだ攻撃心を失っていない。やがて、その場を他の闘牛士に委ねて、マタドールはスタンド近くのベンチに戻り、どうやら剣を本物に替えるらしい。そして戻って、牛にこの剣を深々と突き立てる。直ちに別の闘牛士が三人、布をもって牛をきりきり舞いさせると、さすがの牛もどうと倒れる。そこで、その体から先刻の長い剣を抜き取り、必要とあれば短剣で止めを刺す。じきに、二頭の白馬が黒い馬をはさむ形の三頭だての馬がやってきて、牛の屍を後にくくりつけると、ギャロップで退場してゆく。

同じ段取りが六回くりかえされ、六頭の牛が屠られる。見事に急所を突くこともあれば、何度も剣を刺し直すような無様を見せることもある。この屠殺ゲームに一回目は深い嫌悪感を覚えたものの、感覚が麻痺したのか、生理的な拒否反応は急速に薄れていった。見所は、登場したときの力をみなぎらせたその牛が、わずか十五分ほどのちには、静かに息絶えてゆくことである。わたくしが何よりも印象的と思ったのは、衰弱してきた牛が、前足を折って大地に伏し、死を待つ姿である。そこには或る種の崇高さが漂う。

＊

鈍重な牛が神々しくなってゆくのにひきかえ、人間の方は、闘牛士も見物も、はなはだぱっとしない。牛の突進をかわし、剣を突き立てたあとなど、マタドールは胸を反らし、得意気なポーズを見せる。それは虚栄のかたまりのように見える。自ら命を失う危険を冒していることが、かれを本気にさせているのだろう。確かに、牛の角に突かれる闘牛士はいる。しかし、牛の方が最終的に勝って助かることはありえない。右に記した闘牛の段取りも、「寄ってたかって」という印象を禁じえない。愚劣な見せ物である。

しかし、嫌悪感が薄れてゆくとともに二つのことを考えていた。一つは、闘牛士が牛に対してどういう感情をもっているのか、また日常生活のなかのかれはどのような性格をしているのか、ということである。急速に嫌悪感を失った一つのわけは、闘牛のなかに、わたくしが日常的に抱いているのとは別の生命観を見たからである。ここで死ぬことの決まっている牛に対して、闘牛士がしてやれるのはなにか。それはおそらく、見事に死なせてやることを措いては何もあるまい。かれは自らの命を賭金に積むことによって、命を突き放して見ることができたのだ。殺す牛に対して、或いは友情のような気持をもっているのかもしれない、本当の剣士や戦士がもつような。

かれはおそらく残忍な性格の持ち主というわけではない。例えば家で犬や猫を飼い、家族同様その犬や猫を愛し、その死に涙を流すとしても、それは不思議なことではない。このような「気持の切り換え」はさして難しいことではない。むしろ、それが難しくないことのなかにこそ、人間の魔性が潜んでいるのではないか。ヒットラーは藝術を愛好していた。そのことをいぶかしく思い、藝術を愛する人は道徳的に善良な人である、と思おうとするのは、広く見られる心性である。生まれつきのものなのか教えられたものなのかは分からないが、この思考の回路は多くの人が、気づかぬままに、分かちもっている。善良な市民を優秀な戦士に変えるのは、それを美徳と見る文化である。

第二の思いは、このショーを見に集まる観衆に関することで、わたくしの脳裏に閃いたのは、《パンと見せ物》という言葉である。最近では《パンとサーカス》と言うらしいが、中学の社会科でわたくしは《パンと見せ物》と習った。貧乏になり、土地を失い、浮浪者となった農民が、ローマに上って《パンと見せ物》を要求した、という古代ローマ史のエピソードである。何故か不思議な感じがして心に残っていたこの言葉が、マドリッドの闘牛場で蘇ってきた。ローマの賤民らが求めていた見せ物とはこのようなものなのだ、と思った。そして、この言葉に感じていた不思議さも、今は容易に判る。命ぎりぎりのところでパンを要求することには、何の不思議もない。当然の行動である。しかし、それと同時に腹の足しにはならない《見せ物》を要求していることが、中学生のわたくしに不可解な感じを与えたのである。かれらにとって《見せ物》は、パンと同じように「必要な」ものだった。まさに「人はパンのみに生きるにあらず」である。

必要なのはパンだけではない。決して上品とは言えない《見せ物》が、命ぎりぎりの状況でも必要なのである。ローマの賤民らは、決して血に飢えていたわけではあるまい。血なまぐさい見せ物を見たあとで、自ら蛮行に走ったわけでもあるまい。むしろその見せ物が、かれらの心のバランスを回復するのに役立っていたのだろう。いま闘牛を愛好するひとについても、かれらが善良な市民であると言われても、わたくしは驚かない。

＊

一九九二年はスペインの年だった。コロンブスによるアメリカ大陸「発見」五〇〇年に当たり、バルセロナでオリンピックが、そしてセビリアでは万国博覧会が開催された。オリンピックを前に世界の目がスペインに注がれているとき、女優のブリジッド・バルドーは声明を発表した。御存知の方も多いと思うが、このかつてのセクシー女優は、近年、専ら動物愛護運動に献身してきた。スペインのどこの都市かは忘れたが、祭りのなかで教会の高い塔の上から生きた牛を地上に落とすという慣習のあるところがある、という。この野蛮な風習を中止せよ、さもなくばオリンピックを返上せよ、というのがバルドーの要求だった。テレビでこのニュースを伝えたアナウンサーは、「ブリジッド・バルドーも、ときには正しいことを言います」とコメントした。

わたくしも、バルドーやこのアナウンサーに共鳴した。いまでもそう思っている。現代の生命観に照らして、右のような慣習は蛮行としか言いようはない。しかし、動物の生命のための戦士となったバルドーに、或る痛ましさを感ずることも、わたくしには禁じえない。それは、彼女が「べべ」

（その名のシニシアルBBを読むとべべになり、フランス語で「赤ちゃん」を意味する単語と同じになる）の面影を失ってしまったためばかりではない。彼女の生命観そのものの問題なのである。このような生命観は、開化のしるしなのか。むしろ、文明の衰弱のしるしではないのか。どこかで生命を突き放して見ることがなければ、あっと言う間に生命を否定する行動を正当化するような危うさから逃れられないのではないだろうか。その危うさを回避するための役割を闘牛という《見せ物》が担っているのだとすれば、闘牛もあながち愚劣とばかりは言えないのかもしれない。南国の日射しと歓声のなかでそう思った。

11　見えない国境

敷居が高いという言葉がある。敷居そのものが五十センチも一メートルもあるわけではない。格別脚が短いわけでもない。昨日までは、敷居があるということさえ気にとめずに出入りしていた家の敷居が、今日は高く感じられる。それどころか、敷居というものがなく、近づくと独りでにドアが開いて、招じ入れてくれるような仕掛けのビルでも、事情は同じだ。何故なのだろうか。

ひとは、気のせいと言うかもしれない。しかし、そう言われて、気を取り直したところで、敷居は急に低くなってはくれない。何々さんのところを訪ねなければならない、と思っただけで、おなかが痛くなる。自らを励まして出かけて行っても、先方に近づくにつれて、足は重く頭も痛くなってくる。まるでミステリー・ゾーンに入ったかのように。

気のせいであるとしても、その「気」はわたくしの気ままになるような気ではない。錯覚ではない。そこにあるのが違う空間だということを知っていて、その事実を否定したくとも否定できないからこそ、敷居が高くなるのである。わたくしのおなかや頭を痛くさせ、足を重くさせているのは、敷居そのものではなく、わたくしと何々さんとの関係である。

国境も、敷居の一種である。ときおり、何処かの国境線が緊張する、ということが起こる。要するに敷居が高くなったのである。島国に住んでいるわれわれには、生活のなかで国境線というものを経験することがない。外国に出かけても、飛行機に乗ると、国境を越えるというよりは、またいでしまう。わたくしが初めて国境線を越えたのは、南フランスとイタリアをつなぐ高速道路でのことだった。ここの国境線は山をくり抜いたトンネルのなかにある。国境の検問所はトンネルを出たイタリア側にあるのだが、トンネルのなかを走っていて、国境線を越えたことはすぐに判る。イタリア側の照明が暗いのに対してフランス側のそれはずっと明るいからだ。これはイタリアからフランスに入るとき、特にはっきり判る。無邪気な見栄を感じて、われわれは笑ってしまったが、いやみと思う人もいるだろう。人柄と同じ意味での国柄が、国境線にはにじみでてくるものらしい。銃口を向けている国境もあれば、にこやかな制服のおじさんが立っているだけの国境もある。

＊

このたびフランスからルクセンブルクを通ってドイツへと車で移動してみて、国境で検問を受けたことは一度もなかった。ヨーロッパ統合への動きが、国境線を緊張の低いものにしている。ドイツからフランスへの帰路は、アルザスの南の方でライン川を越えた。

その前日、娘のたっての希望でバーデン・バーデンの「温泉」を訪れたあと、シュヴァルツヴァルト（黒い森）の山のなかを少し走り、下ってビューラータールという山間の村に宿を取った。ドイツでは英語で交渉していたので、ここでもホテルの女主人と英語で話し始めたが、少しすると、彼女の方から「あなたはフランス語が話せるでしょう」と切り出してきた。これには驚いた。わたくしのフランス語も多少はそれらしくなってきて、英語にまでにじみだしてきたのか。もちろん、

空から見た城塞都市，ヌフ・ブリザック

そんなことのあるはずはない。説明を聞くと、単純な話。われわれのレンタカーのナンバー・プレートを見て、「パリのお客が来た」と思ったというのである。「わたしはフランス人なのだけれど、ドイツ人と結婚してここに来たの。あなたの車を見て、妹と二人で喜んだのよ」と、彼女は言った。われわれがフランス人でなくて、彼女たちはがっかりしたに相違ないが、フランス語で会話できることに、気持がなごんでいる様子だった。確かに、この村では、国境が近いにもかかわらず、レストランでも銀行（というよりも信用金庫）でも、どこでもフランス語は通じなかった。ドイツ人のご主人を亡くし、やはり独り身らしき妹さんを近くに呼んでホテルを切り盛りしているこの、そろそろ初老と呼べるかという年頃の婦人は、国境を背負って生きているように見えた。

アルザスへの国境越えは、ヌフ・ブリザックを目指していた。「ラインの谷」にある、フランス側の国境の町である。わたくしは、哲学者のデカルトに関連して、近世の都市計画や城塞都市に興味をもっている。ビューラータールに泊まった日の朝は、マンハイムに立ち寄って資料探しをしたところだった。ヌフ・ブリザックという城塞都市の存在は、横浜国立大学で建築史を講じている吉田鋼市さんに教えられた。少し前に、北イタリアのパルマノーヴァを見て、その絵はがきを送った返事に、この町のことを書いてきてくれたのである。

城塞都市というのも、国境と同じくわれわれのよく知らないものである。その理由は、大砲という重火器の時代が、日本では江戸時代という平和な時期に相当していたからであろう。敵の砲撃に対抗するために、要塞ごと町にしたのが城塞都市だ。その形だけならば、函館の五稜郭が参考になる。五稜郭は五角形だが、ヌフ・ブリザックは八角形、パルマ・ノーヴァは九角形である。多角形にするのは、その角の部分を外に向けて張り出し、そこを砲台としたからである。角の数が多いほど、死角はなくなり、町はより安全に、一帯の防御線はより強力になる。

予習をせずに、場所だけを調べて出かけたわたくしは、ドイツからラインを渡ってフランスに入る手前にブライザッハという町があることを知った。そこで、ヌフ・ブリザック（すなわち新ブリザック）の地名の由来も自づと判った。ドイツ語のブライザッハとフランス語のブリザックは同じ名称で、ドイツ人はヌフ・ブリザックのことを「新しいブライザッハ」と呼び、フランス人はブライザッハのことを「古いブリザック」と呼んでいる。ドイツ側のブライザッハの町に歴史は感じられない。（フランス革命の時期に、フランス側からの激しい砲撃によって、古い町は壊滅した）。町の観光案内所には、ヌフ・ブリザックのフェスティヴァルのポスターが張られていて、緊張のない交流ぶりが窺われる。

ここのラインの橋は長い。途中にある国境の検問所も、ノンストップで通り過ぎる。ブライザッハの町がライン川に面していたのに対して、意外なことに、ヌフ・ブリザックは国境からかなり引っ込んでいる。そのことが既に、この町が国境の緊張の所産であることを物語っている。十七世紀を通して東に領土を拡張してきたフランスは、一六九七年、ライスヴァイク条約によって、ストラスブールを含むライン川左岸地域を併合するのと引換えに、フライブルクやブライザッハなど、右岸の都市を神聖ローマ帝国（オーストリア帝国）に返還した。ブライザッハは帝国領となり、左岸寄りの川中島に建設されていたヴィル・ヌーヴ（新都市の意味）は破壊されることになった。東方の備えだった砦は、一転して東方からの脅威となる。これに対抗するために、ルイ十四世がヴォーバンに命じて建設させたのが、ヌフ・ブリザックである。東部国境を視察したヴォーバンは、大砲の弾の射程を計算して、国境から少し奥まった場所を選び、一六九八年には設計を仕上げた。そして、一六九九年には町の行政事務が始まり、一七〇二年には軍事的な防御体制が確立したと記録されている。城塞都市ヌフ・ブリザックの竣工と見てよい。

わたくしはヴォーバンについて、その名前しか知らない。しかし、築城家として、また戦略家として、史上屈指の巨人である。パリのアンヴァリッド（もとは廃兵院で、ナポレオンの遺体が安置されている）のなかの軍事博物館には、かれの造った南仏ブリアンソンの砦の立体模型が展示されている。かれの残した遺跡はフランス全土に点在し、この周囲にも、まだかなりあるらしい。いまヌフ・ブリザックは、田んぼのなかの鎮守の森のように見える。しかし、祭りの日にその森が聖域となるように、仏独関係が緊張するたびに、この城塞都市は重みを増し、敷居を高くしてきた。そして、ルイ十四世の領土拡張戦争のあとも、フランス革命からナポレオンの時代、普仏戦争、そして両次大戦期と、この両国の抗争と対立は、いつもヨーロッパの歴史の中心をなしてきた。その時々にこの町で繰り広げられたはずのドラマは、容易に想像できるものである。ヨーロッパ統合の動きは、ヌフ・ブリザックのような町を史跡に変えようとする企てだ。

南東のバーゼル門から中に入る。なかは、通りの条理が完全に幾何学的であることを除けば、変わったところは何もない。夏の日ざかりの下で午睡をとっているような、いなか町である。車で内側の掘割を半周する。フェスティヴァルのために、鋼鉄の船のようなオブジェを作っている職人たちがいた。話しかけてみると、フランス語なら彼だ、と言われたその一人が相手になってくれた。かれらは皆、対岸のブライザッハから通ってきていると言う。町の航空写真を見ても、いま、目につくのは、生活空間を仕切っている碁盤の目である。しかし、この都市の生命は、周囲に張り出した星形の城壁だった。その星形の線は、歴史の流れとともに草の緑に埋もれて、目立たなくなっている。

＊

　今、国境と言えば、それも特に消えていった国境と言えば、だれしも旧東西ドイツの国境のことを思い浮かべるだろう。われわれも、通ってみた。ヴォルフェンビュッテルという北ドイツの都市から、礒山雅君の案内を得て、ベルリンに向けて東方へ移動しつつ、名も知らぬ小邑の近くで旧国境を越えた。そこではかつて、工場に見られるようなコンクリート板の塀が、人の往来を遮断していた。そして、高圧の電気が流れていたはずの有刺鉄線がいまも走っている。近くには、兵士が銃を構えていたはずの、見張りの塔が残っている。すべてが残ったまま、勿論、道路の部分だけが壊されているのである。あわただしく国境を開いて、昔の道路を通した様子で、旧東側のその村道は、舗装もされていないひどい凸凹道だ。しかし、銃と電流が作り出していたかつての緊張は、魔法のように消えてしまい、つい昨日までの国境線だった小川は、普通の小川に返っていた。そして、その邑の一見して判る貧しさだけが、過ぎ去った歴史を物語っていた。

永遠と今——

12　永遠《とわ》のいのち

ひとが死ぬものであるかぎり、永遠のいのちへの憧れはついてまわる。

こんな人生は一度でたくさんだ、というひともあろう。そう思うほど不幸ではないにしても、自分はそんな夢物語にかまけているほど暇ではない、と言うひとが多いかもしれない。なるほど、われわれは覚めた時代に生きており、「永遠のいのち」など、望んでも甲斐のないことを、よく知っている。また永遠のいのちに少しでも近づこうとしてあがきを見せた歴史上の権力者の真似をしようにも、われわれにはそれに必要な権力もなければ、財力もない。無益なことに思案を巡らせるよりも、限られた時間のいのちと折り合いをつけることの方が、ずっと大切なことに相違ない。それが知恵というものでもあろう。

だが、ひとは無益なことを決してしない、というほど合理的な存在ではない。自分のいのちの短さに較べれば限りなく永遠に近いほど遠い未来のことを考えたり、或る思いの極限において永遠の愛を誓ったりすることは、決して珍しいことではない。そしてそれは、愚かと言えるようなことではない。あるいは、愚かであるにしても、それが同時に高貴でもあることを認めないわけにはいくまい。

しかし、ここでわたくしが綴りたいと思っているのは、このような高貴な愚行のことではない。

わたくしの主題はずっとささやかなものである。われわれは、生活の時間のなかで、おりにふれ、永遠の影に出会い、あるいは時間の影としての永遠を経験したりしている。のちに触れるように、西洋の哲学者たちは、「永遠」に対して原理としての資格を認め、「時間」をその影と見なしてきた。しかし、われわれが経験的に知りうる永遠と時間の現実は正反対である。その事実についての観察を言葉にしたいと思う。

＊

わたくしが最も頻繁に思う「永遠のいのち」は、仕事の上のことである。人生の道として、わたくしは学問を選んで今日に至っている。社会の仕組みのなかで生きているかぎり、向こうからやってくる仕事は、常にある。しかし、学問の主題や対象は、自分で見つけなければならないし、場合によっては見つけたなかから取捨選択することが必要になる。興味を抱いたすべてのことができるわけではない、ということ、従ってこの選択の不可避であることを認め、受け容れたのは、三十歳代のなかばぐらいのことであったろう。それまで意欲をもっていた幾つかの研究領域を、あるいは諦め、あるいは切り捨てた。そのようにした上で、今でもなお、「永遠のいのちがあったなら」と思うことがよくある。研究のなかで、自分の研究主題とは異なるものの、調べてみたくなるような事実に出会うことがあるし、読んで魅力を感じ、翻訳してみたいという気持をそそられるような外国の書物に巡り合うこともある。そこに立ち止まるのを思いとどまるとき、嘆息まじりに「永遠のいのちがあったなら」と思う。

若いときには、こうではなかった。実は今ほどに課題があったわけではないが、やりたい仕事が、雑多なまま、わたくしの人生の予定表の先の方にひしめいていた。勿論、それらをすべてこなせる、と思っていたわけではない。しかし、その中の何かを切り捨てる必要がある、と思っていなかったことも、確かである。若さには、永遠に通じるところがある。

譬えて言うならば、若さは、新学期の時間割に似ている。大学に学んだひとならば、四月に手にした講義一覧のわくわくするような感じを、覚えておいでのことだろう。そこには、知りたいこと、学びたいことがずらっと並び、一年後の、素晴らしく豊かになった自分の姿を示唆しているように思われた。このときには未だ何の努力も犠牲も必要ではないから、いくらでも甘美な夢を見ることが許されていた。現実はあとからやってくる。その始まりは選択である。魅力を感じた講義が同じ時間に二つ以上あるとき、どれかを諦めなければならない。そして、現実の時間が始まる。その一年は、自分のしたこと、できたことに従って、きびしい収支決算をもたらすであろう。

つまり、大学の学業のように一年周期の活動は、人生の縮図である。永遠の青春に始まり、あとは現実の時間の支配が続いてゆく。

＊

わたくしはいま、その一年に満たない十ケ月弱の予定でパリに滞在し、その滞在期間の終わりにさしかかっている。話を簡単にするために一年として言うならば、一年の滞在者は、単なる旅行者ではないが、さりとて居住者でもない。花の季節に始まり、若葉のころ、盛夏を生き、落葉を見つめて冬枯れに至る。そのそれぞれを経験することができるが、二度経験することはできない。この時間的な限定が、わたくしのような立場の者を貪欲にする。かけがえのない時間を惜しんで、できるだけこの街を経験しようとする。そこで、ガイドブックに書かれた「名所」をしらみつぶしに歩いて、妻は次のような嘆声を洩らした。

「わたし、こんなに東京の街を見物したことないわ」。

日本にいれば、われわれはみな居住者であり、生活者である。見物に出掛ける余裕はない。また、その気になればいつでも行ける、という思いが、われわれの腰を重くする。そこで、名所や特別な行事については、何十年来の居住者よりも、旅行者の方がよく知っている、というさかさまの現象が起こってくるわけである。

旅行者は、限りがあるという時間の本質において「時間」を生きている。それに対して居住者は、「永遠」を、というのが言い過ぎであるならば、少なくとも永遠の影を生きている。

勿論これは逆説である。生活こそ「時間」の場所である。そうであるならば、居住者は当然「時間」を生き、その生活時間から抜け出してきた旅行者は「永遠」に近づいている、と言うべきであろう。そのような旅行をするひとは、現今では決して多くはない。多くのひとは、旅に出て、日常生活以上に忙しい時間を生きる。だが、少なくとも西行や芭蕉、更には山頭火のような詩人たちは、日常生活の時間を断ち切るために旅を続けたのではなかったか。そしてかれらは、いわば、一期一会の哲学を実践しつつ、時間と永遠の交錯を見つめていたのではないか。そしてわれわれとても問うてみるべきである、旅の本領は、今でも、そこにあるのではないか、と。

＊

数日前のこと、資料しらべに国立図書館へでかけた。資料が揃っていることにかけては、ここは随一である。しかし、コピーをとる上では大きな制約があるし、入口で待たされることもよくある。日頃はパリ大学の図書館を使う。だから、国立図書館へゆくときは、調べものをためたうえで、身構えてでかける。なかに入って、分類番号を調べ、請求を出す。実際に本が出てくるまでの時間、別の番号を調べたり、閲覧室に置いてある事典類を読んだりする。勿論、これもでかける前に用意しておいた「仕事」である。いよいよ本が机の上に配られてきても、必要な個所は手でノートに書き写さなければならない。いきおい、大忙しの時間を過ごすことになる。

こういうときに限って、余計なことに手を出したくなる。当面必要でない文章を読んでみたくなる。この日の調べものなかには、ゲーテの『箴言と考察』のフランス語訳のなかから、或る文章を探し出すという仕事があった。或る言葉の出てくる或る小文を、そのような短文ばかりを集めた書物のなかから探し出すのである。どうしても、一つひとつの短文に、一通り目を通すことになる。その文の主題が判れば、そこに探す言葉が出てくるかどうか、おおよその見当はつく。そこになさそうだ、ということになれば、それをとばして先に進めばよい。しかし、ときには、当面用のない文の主題にひかれて、それを読み耽ったりする。それでも気は急いているので、心ひかれながら、読まずに飛ばしてゆく文章も多い。わたくしは、心のなかで、嘆息しつづけていた。

「ゆっくりと、こういう本を読みたいものだ。どうして、その暇がないのだろうか」と。もちろん、わたくしには判っている。その本が手元にあり、時間が十分にあれば、おそらくそれを手にすることさえないだろう、ということが。俗に「積んどく」と呼ばれる蔵書の山が、何よりの証拠である。東京の街を散策しないのと同じことで、いつでも読めると思えば、どうしてもそれを先延ばしにする。ゲーテのこの書物について言えば、わたくしはたしか三種類の日本語訳をもっているはずだが、どれ一つとして通読したことはない。

わたくしの探していた文は、幸か不幸か、書物の終わりの方に出てきた。そこで、わたくしは、その他に五つほどのアフォリスムをノートに書き写した、たっぷり一時間以上をかけて。ちなみに、わたくしが必要としていたのは、この時準備していたフランス語の論文の注に、そのゲーテの言葉が何頁に出てくるかという数字を書き込む、というだけのことだった。

＊

われわれ日本人にとって、永遠とは途方もなく長い持続的時間のことである。それに対して、キリスト教の伝統のなかにいる哲学者や神学者は、永遠を時間とは全く次元の異なるものと見なしている。しかも、永遠があっての時間であり、時間があるのは永遠のお蔭であるという。それは有限に対する無限にしても同じことで、神とわれわれの生きている世界とに対応する。つまり、これらはこの世界を位置づけ、性格づける座標軸を構成しているのである。「神は永遠の昔に世界を創造した」とは、それが何万年前のことなのか、何億年前のことなのかと問うてはならない、ということである。

この「永遠」の概念は分かりにくい。それが分かりにくいのは、われわれの経験とそぐわないからである。右に挙げてきたいくつかの経験の中には、たしかに、永遠と時間に対応するものがみとめられる。しかし、われわれの知っている永遠、すなわち限りのない時間は、立派なものでも何でもない。それは散策されない町、読まれない書物である。永遠が美しいのは、押しつまった時間のなかで嘆息まじりに憧れるときのことのように思われる。西洋の哲学者たちは、この夢の方が現実だと言い張っている。

13　パリの朝・昼・晩

佐々木寛子

私どもがパリで束の間の十ヵ月を過ごしたのは、ルジャンドル通り。それは、幅六メートル、両側に舗道のついた、横町の通りです。七差路になっているギィ・モケーの交差点から南西に伸びていて、角にはメトロの出入口があります。その交差点から二〇〇メートルほどの区間は、片側がパーキング・メーターのついた駐車スペースになっていて、道路の残りは車一台しか通れません。その部分は当然一方通行です。

花のパリとは言っても、下町のこの辺りは、昔ながらの庶民の生活が変わりなく続いている地域です。表の大通りは、商店街の喧噪と下町の活気に満ち、お昼の時間と日曜日を除いては、いつでも人でいっぱいで、買い物、呼び込み、キャフェでのお喋り、と朝から夕方までとても賑やかです。しかし、一歩入ったここルジャンドル通りは、何軒かある商店もひっそりとして、静かです。

私どものアパルトマンは、角のメトロの駅の出口から五十歩、ちょうどこの駐車スペースの前です。私はひまさえあれば、三階（日本でいえば四階）の窓から、この通りを眺めているのが好きでした。なんでも珍しがると悪口をいわれつつ。でもフランス人も、よく窓から眺めているので、お向かいの窓の方々と、時々鉢合わせしちゃうんです。でも、おかげで日本では見られない、パリの日常生活をちょっと垣間見たかな。

夜明けの清掃車

朝六時、まだ街が眠りから覚めない時間に来るのは、清掃車。

パリは、街のたたずまい自体がもう藝術作品のよう、と誰もが言うくらい、美しくファショナブルで、石だたみの道はロマンティック。でもパリ人は伝統的に、ごみを窓からほおり捨てていた人たちですから、(まさか今ではそんなことはしませんが)道路を歩きながら包み紙ぐらい捨てますし、なにより犬の糞やオシッコの跡がすごいんです。どこでもというわけではありませんが、ところによっては、絶対脇見しては歩けないほどひどいこともあります。それなのに、どうして通りをきれいにしておくことができるのかという謎の答が、この清掃車です。

それは、給油車や配水車のようなタンクを積んだ車でした。あ、水を撒くんだな。でもこの通りの片側はびっしり車が占拠しています。車のいない方だけするのかな。車の下に水を撒いていくのかな。私は日本の散水車を想像していたのです。

そのとき、タンクのてっぺんについている二本のノズルが、にゅうっと伸びて、なんと片方の車の止まっている側は、車の頭を大きく飛び越して舗道の端までずるずるーと届いたのです。もちろんもう片方はすんなりと。ちょうど左右に長さの違う触角を広げたような格好になりました。

そして、ノズルの先からは高圧の水流が噴射され、舗道の隅まで、水がきれいに洗い流していくのです。こうして、車はゆっくり、ゆっくり動いていきます。

ぎっしり並んだ縦列駐車の車の肩越しに舗道を掃き清めて徐々に前進していく清掃車に、なんだかすごく感激してしまいました。こういうことなんだ、とても納得したのです、その触角のようなノズルに。道路の幅は様々なのですから、このような装置は当然だったのでしょうけど。

こうして、街が眠っている間にきれいにしておいても、一日でまた汚されてしまいます。残念ながらいたちごっこです。この早朝の清掃車は、イタリヤのフィレンツェでも、気がつきました。ちょうど朝早く目がさめてしまって、うとうとしていると、ものすごい、ガチャンガチャンという音がして、飛び起きて、窓から見てみると、こちらのは、水噴射ではなくて、はき掃除のように回転するブラシでした。もちろんこちらも人影はありません。機械でやっているのでしょう。パリのはこれほど騒しくはありませんので、気づかず眠っていることができます。

さて、こうして水で流されたごみは、どうなるのでしょう。ほとんどは、車道の端に開けられた穴に水と共に流れ込み、下水道にいきます。日本と違い、パリの下水道はなんでも飲みこみます。でも、水流で車道に落とされて、流れないゴミが残っているのが気になります。車の下も。このことは、もう少し時間が経ってから解決します。

小学校に行く子供たち、勤めに行く大人たちが出かけて、しばらくすると、ようやくこの通りの店にぼちぼち人影が現れます。大体九時~十時。

私どものアパルトマンの並びには、クリーニング店、食料品店、アクセサリー店、写真店。向かい側の、窓からよく見える方には、銀行、ホテル、ビアホール、コーヒー豆挽き屋、ワイン店、クリーニング店、ブティック、暖房器具店などがあります。

店主のほとんどは、余所に住んでいて、朝、この時間になるとやって来て、店の鍵を開けます。店を開けると、まずゴミを外に出します。ゴミペールは商店のものもアパルトマンのものもみな同じ、みどり色の大きな、頑丈そうな、キャスターのついたプラスチック製の容器です。ごみ収集車は毎日来るので、時間になると、このペールを、舗道の車道側の端に置いておきます。ワイン屋さんの空きビンの詰まった箱や、八百屋さんの木箱も、横に積んでおきます。

やがてそのゴミ収集車が来ます。これはうるさい音をたてるので、すぐわかります。パリではゴミを全く分別せず、なにもかも一緒に捨てます。生ゴミもビンも缶もビニールもです。最近は、大通りの所々に、空きビン収集用の　ポストのお化けみたいなタンクが設置されていますが、まだまだ、徹底していません。集める方も、ビンが入っていても平気です。ですからガチャン、ガラガラとゴミがすごい騒音を出すわけです。その音を聞くと、また窓から観察します。

ゴミ車は基本的には日本のそれと同じで、色も、なぜだか緑色。違うのは、運転手の他に係員が二人ついていることと、ゴミペールの中身をすばやく回収する仕掛けがあることです。

ゴミ車は、通りに入って来ると、二人の係員が、通りの両側に分かれ、舗道の端に置いてあるゴミペールを、車のところまで引っ張って来て、両側からゴミ車のおしりの所定のところにくっつけます。脇についているレバーを回転させると、重たいペールが持ち上がって、逆さになり、蓋が開いてゴミが車の中に落ちるというわけです。レバーは両サイドについていますから、どちらかタイミングのあったほうの係員が動かします。

機械が働いている間に、係員は、その他のゴミを素早く投げこみ、空になったペールをほぼ元の場所に戻し、次のゴミペールを取りに走ります。

その間、車の方は、ゆっくり前進していて、止まりません。

そして、びっくりするのは、このゴミ車の後ろには、ずらーと車の列ができ、根気よく、ゆっくりゆっくり付いていってることです。内心はわからないけど、見たところこうして気長について行くことに感嘆してしまいました。次の角まではどうにもなりませんね。なにしろ、一車線しかない一方通行の道ですから。毎日の光景です。

このゴミペールを誰が外に出すのかは、気にも止めず、アパルトマンの内庭に置いてあるペールに、毎日ゴミを捨てていました。日本なら当番という回り持ちが普通ですけど、ここでは住人の一人に頼んであって、世話料を払っているようでした。容器はいつもきれいに水洗いされていました。

ところで、フランスにおける駐車時の乱暴さは有名ですが、私はむしろ駐車の技術のすばらしさに感心してしまいました。と言うのは、どのくらいの空きがあれば駐車できるかということです。一番すごかったのは、車体の長さプラス前後十センチずつ（ぐらいに見えました）。もちろん前後の車をバンパーで押し広げつつです。ほんとに入るんですよ。

清掃車とゴミ収集車について、最後に現れるのは掃除人です。清掃車の残したゴミ、ゴミ車のこぼしたゴミ、気になります。せっかく掃除したのにと。(ゴミ車は、でも、わりときれいに、落ちたゴミまで、軍手をはめている手で拾い集めていきます)。

掃除人は、思いがけない時間に、一人で、箒と塵取りを手に現れました。制服(ゴミ車の係員と同じ)のつなぎを着て。にこにこと街の人たちとおしゃべりしながら、ゴミを掃き集めては、所々にある下水の穴に捨てていきます。停まっている車の下も手を延ばして掃きます。ちっとも急がず、ゆうゆうと、まるで踊っているように、楽しそうな動作で。楽しそうに仕事をしているのには訳があります。こういう仕事をするのは、フランス人じゃなくて、アフリカからの移民などですが、不景気な昨今、仕事が無い人が多いんです。奥さんや子供がいたりしても、仕事が無い人がたくさんいます。ですから、かたい仕事ができることは嬉しくもあり、誇らしくもあるのでしょう。(聞いたわけではないので、私の憶測です。)

これで街の掃除が終わりました。すっかり綺麗になりました。

ルジャンドル通りの住人たち

ルジャンドル通りの向かい側に住むマドモワゼルは、毎朝、仕事に出掛ける前に、窓を少し開けて、通りの様子をうかがいます。空模様と、通りを行く人びとの服装を眺めているのです。それでなにを着るかを決めているらしいということに気づきました。パリは、半袖の人、セーターの人、コートを着た人が一緒に歩いていてちっともおかしくないといった街です。自分のセンスを大切にして、流行や周りに左右されないおしゃれが身についているので、何を着ていてもそれなりに様になっていて、さすがファッションの国。そう思っていたので、そのマドモワゼルの行動は、意外でしたし、あら私と同じじゃない、と安心もしたものです。何度も窓から顔を出す時は天気がはっきりしない日です。きっと、なにを着るか迷っているのでしょう。

そのマドモワゼル、本当は三歳位の女の子のママで、家族はご主人の他に、妹と母親がいます。朝、ママと妹は勤めに出掛けます。パパも出掛けてしまうと、女の子とおばあさんだけ残されてしまいます。おばあさんは、日がな一日、窓から通りを眺めていることも稀ではなく、そのことはフランスではちっとも珍しくありませんが、子供がどうしているのかが不思議でした。保育所に連れていくふうではないし、公園や買い物に連れて行くようでもなく、部屋にいるのだろうけど、窓からは決して顔を出しません。

子供がいると判ったのは、偶然のことでした。ある日、窓を開けると、向こうの窓にその子がいて「あら来てごらんなさい、女の子がいるわよ」と娘を呼んだところ、女の子もこちらに気づいて、手を振るとにこにこと手を振って応えてくれるんです。そのうちつといなくなったかと思ったら、手に自分で画いたと思われる馬の絵を持ってきて、窓のガラスにその絵をくっつけて見せてくれます。上手ねえというジェスチュアをしてあげるととてもうれしそうに、ママに報告しているのが見えます。そのうちママがもうおしまいと言ったらしく、バイバイして消えてしまって、それきりです。居ることは居るんです。夏のバカンスにでかける時に、いっぱいの荷物と一緒に犬と子供を車に乗っけていきましたから。妹も一緒に行き、なぜだかおばあさんだけはお留守番で残されていたのが、不思議でしたが。

そういえば、斜め下のアパルトマンの男の子も、カーテンを上げてガラス越しに外を見ているのを一、二回だけ見かけたところを考えると、小さい子供は窓に近づくことを禁止されているのかもしれません。窓には普通の手すりはありますが、防護柵は見掛けないですから、転落事故を防ぐために、厳しくしつけているのでしょう。ガラス越しにお話ししてしまった女の子はあとで叱られなければよかったですけど。

朝はおおまたで歩くカップルが多い

私どものアパルトマンはメトロの駅の近くですから、朝、この通りを、学校や勤めに行く人々がよく通ります。男女ペアで出掛ける人が結構多くて、おもしろい事に気づきました。若者のペアは、おおまたで歩く男に同じ歩幅で女の子が合わせるのです。二人でおおまたに元気よくカッカッと通ります。

フランスの女の子は脚がすらーっと長いので、このおおまたがかっこよく、またそのせいで、背筋がぴんとして、美しく見えます。何時もちょこちょこ歩いては、人より遅れを取る私はなるほどと思って、このパリジェンヌたちの歩き方を真似してみました。主人と同じ歩幅に合わせると、ほんとに足の短い私でも同じスピードで歩くことができたのです。しかもちょこちょこ歩くより疲れない。この歩き方を覚えてから、いつも人に抜かされていたのが、なんと人を追い抜くこともあって嬉しくなりましたね。

ところが、お昼を過ぎたころになると、よたよた歩く奥さんをご主人がサポートして、ゆっくりゆっくり歩く老年のカップルが多くなります。

あんなにすらっとして潑剌だったパリジェンヌの脚はどこへいってしまったのか、中年になると足首がなくなるほど脹れて太くなり、老人になると歩くのがやっと、という姿をよく見かけます。こういう脚の人は、ほとんどは太めの女性で、男の人より女の人が目立ちます。日本だと脚が痛ければぺちゃんこの歩きやすい靴を履くと思うのですけれど、フランスでは、ぺちゃんこ靴は若い子だけ。もう若くない女性は必ずヒールが３ｃｍ以上の靴を履いています。ところが足がふくらんでしまっているので、靴も変形してしまって、かわいそうなくらい痛そうによちよち歩いています。

思うに一日中靴を履いて居る生活って、足にすごい負担をかけているのじゃないかしら。お部屋ではショッソンというかかとのぺたんこの室内履きを履くこともあるようですが、日本のように足を解放してやることがないのですから。

かかとの高い靴を履く女性の方が足を傷める率も多いのか、老年のカップルの場合、たいていご主人が奥さんの腕を抱えてあげています。散歩させるためにわざわざ外に連れ出しているのかもしれませんね。じーっと待っててあげたり、支えてあげたり、暮らしてきた年輪を感じさせる微笑ましい光景です。

昼前には犬の散歩を

ごみの収集が一段落したころ、買い物籠を手にしたマダムが犬を連れて通り、ワイン屋にはおしゃべりのおじさんたちが寄って来ます。この犬は腹が立つほど先に進みません。二三歩歩いては、おしっこしたい風に立ち止まり、また二三歩いっては立ち止まり、じっとポーズするけど何もせず、の繰り返しで、便秘でもしてるのかと見てる方がいらいらしちゃうのに、飼い主のマダムは辛抱強いこと、その都度立ち止まってはじいっと待っています。

フランスの人は犬がとても好きです。だから犬に対してとても寛大です。キャフェやレストランに犬を連れて来る人が居てもみんな何も言いません。メトロにもよく乗っています。また犬の方もよく躾られていて、主人の足下から動かないで、じっとしているし、吠えたりすることは有りません。でも通りにうんこをして歩くのを、よく皆さん文句言わないものと感心します。ほんとは「始末せよ」という法律（？）ができたそうですけど。私どもはこれを踏まないようとても気を使いましたが、見てるとみんな案外平気なんです。それも犬好きだからまかりとおるのでしょうか。

ともあれこのマダムはお昼の買い物に間に合うかどうか。十二時になるとお店が閉まってしまいますよ。

ルジャンドル通りのお店やさんたち

ワイン屋さんは、ドリフターズの加藤茶に似た、小柄で気さくそうな人で、そのせいか結構近所のおじさん達がおしゃべりに寄ってきます。その両隣はコーヒー豆挽き屋とクリーニング屋ですが、こちらはいつも暇そう。ことにクリーニング屋のかっこいいお兄さんは、たまに来るお客の応対以外は、殆ど戸口に立って、通りを行く人を眺めています。このお兄さん、ワイン色のシルクのブラウスに黒のパンタロンがよく似合って、いかにもパリジャンという雰囲気を漂わせています。「モンマルトルの灯」のジェラール・フィリップに似ています。「ボン・ジュール」と挨拶すると、うれしそうなはにかんだ顔をするのが、またなかなかです。彼もここには住んでいなくて、通って来るので、家族とかは判らないけど、街で偶然見掛けた時、フェミニンな感じでドキッとする雰囲気をかもしていました。

通りのこちら側、私どものアパルトマンの入口の並びにある食料品店の親子も、どちらか必ず一人が、四六時中外に立っています。こちらは、店先に並べた商品を持っていかれないように、ということもあるかな、と思われます。向かいのパリジャンとは、ほとんどしゃべりません。どうしてだかわかりません。

食料品店というのは正確ではなく、小さな小さな「なんでも屋」です。狭い店内には、肉、魚以外の殆どすべての生活必需品がぎっしり詰め込まれていて、欲しい物を見つけるのが意外と大変。とりあえず聞いてみると、レジの後ろの全く見えない所から取り出してくれたりします。野菜や果

窓の下　ルジャンドル通り

物は店の外に並べられています。

パリにはこの手の店が結構あちこちにあって、主にアラブ人や中国人がやっているようです。ほとんど休まないか、休みをずらしているかで、パリ中（フランス中）休みの日曜日とか、昼休みとかには、とても重宝します。でも品数が少ないし、種類も限られるので、よほど必要なときしか買いません。

ここの親子はアラブ人で、年中表に立っている若い息子は、不思議にいつもジャケットにネクタイに皮靴といういでたちです。父親の方は、フランスの食料品店のおやじが一般的に着ている、紺の長い作業着で、これが普通。せっかくのおしゃれにもかかわらず、この息子さん、恋人もいないようで、一日ほんとに退屈そう。出掛けることの多い私どもの出入りもすっかり見ています。余所で買った山ほどの荷物を持って帰った時は、ちょっと具合わるく、気がひけます。そういう時は、目を合わさぬよう、たいていソッポを向いていてくれますが。

ワイン屋さんの左隣、ビアホールとホテルは表の大通りの方に入口があって、こちら側に入口はありません。看板には表に回るように、と書いてあります。そこで、表に回ってみます。

ビアホールは、通りに面して張り出しもあり、なかなか立派なしゃれた感じで、夜だけ営業していますが、ついに一度も飲みにいきませんでした。

不思議なのはその隣のホテルです。ルジャンドル通りの窓から顔を出すホテルの住人達はいつも変わらないのです。普通のアパルトマンと変わらないいんじゃないかと思われ、表に回ってみます。確かに「ホテル」というしょぼくれた看板がかかっていますが、ホテルらしい感じはどこにもありません。長期滞在者用なのでしょうか。

ホテルの窓から顔を出す人の一人は、ドイツ人ふうの親子です。子と言っても二十歳くらいでしょうか。一日に何度も何度も、それもずうっと通りを眺めているのはお父さん。息子も時々交代して顔をだします。仕事に行かないのかしらと、よけいな御世話の心配をしてしまいます。もっとも、向こうから見れば、私たちもそう見えたことと、可笑しくなりますが。

ワイン屋さんのタンク車

お昼過ぎ、いつものムッシュウが、向かいのワイン屋さんに、やって来ました。

年は六十歳くらい、とほとほと、頼りなげに、下を向いて歩いてくるムッシュウに気づいてから、だいぶ経ちます。恰幅がよく、きちんとジャケットを着ている様子と、彼が手に持っている物がちぐはぐで奇妙な印象を受けたので、見知ってしまったのです。手に持っている物は何かというと、それはスーパーの使い古しのビニール袋です、何も入っていない。そして、時々立ち止まって、自分がちゃんと袋を持っているかどうか確かめるように、その空のビニール袋を目の前に持ってきて、しわを伸ばすために（多分）なでさすり、安心してまた歩きだします。目的地はワイン屋さんでした。そこで二十二フランのワインを一本買って、もってきたビニール袋に入れて、道をひきかえしていきます。ワインを買う為だけに出掛けて来たことは明らかです。

このムッシュウはいかにもフランス的なフランス人です。第一に、ほんのそこまでの買い物にもきちんとした身なりをすること。たとえビニール袋一枚といえども粗末にしないで利用すること。おなじみの店で買った、同じワインがいいということ。必要な分だけしか買わないこと、などの点で。

このムッシュウが買った二十二フランのワインというのはこの店の特売品で、一番安いものです。店の入口近くにいつも、空いたワイン樽に積んで置いてあります。その他は一段と高くなって五十フラン以上になります。もちろん値段はきりなく高いものになっていきます。しかし、安ければいいのであれば、二十二フランより安いワインは、スーパーなどでいくらでも見つけられますので、ムッシュウはこのワイン屋が気に入っているのだと思います。

時々見かけるこのムッシュウがぱたりと姿を見せなくなって、私はとても気になりました。足が悪そうだったので、外に出られなくなったのかもしれません。

あるとき、このワイン屋さんの前に、バカでかいタンク・ローリーが停まりました。縦七メートル、横三メートルくらいのタンクを積んでいるので、この小さな通りでは、とてつもなく大きく、道幅を一杯に占拠してしまいました。

この車が止まると、ワイン屋の主人がとんで出てきました。車の運転手が出て来て、タンクの脇に畳んであった太いホースを、大急ぎで、伸ばします。どんどん伸ばして、十五メートルほども伸ばして、ワイン屋の店の奥へ奥へ、主人も協力しながら、引っ張っていきます。

このホース、店の奥のどこに行くのかというと、地下にあるワイン貯蔵室につながるようです。パリの古くからの建物には、必ず地下室があり、ワインや食料の貯蔵室として、不可欠なものでした。ちなみに私共のアパルトマンの地下は、おおざっぱな漆喰塗りで、いくつかの小部屋に区切られ、ここの住人が各一室当て使用していた様子が窺われますが、今では、まったく使われていず、地下へのドアは鍵がかけられています。漆喰はシミ一つなく真っ白に仕上げてあり、電気も通っていますが、だれもいない地下室は気味悪く、私は早々に退散したものです。

ワイン屋さんは商売がら、地下の貯蔵室が酒蔵になっていて、タンクかまたは大きな樽があるのでしょう。とにかくホースは階段をおりて地下に伸びていきました。

なんとこのタンク・ローリーの中身は、全部ワインだったんです。てっぺんにある蓋を開けて、ホースを突っ込み、ワインを汲みあげていきます。タンクのてっぺんには、直径三十センチほどの、圧力鍋の蓋みたいなものが六カ所、直径六十センチほどのが三カ所ついています。タンクの中は、どうやら区切りがあるらしく、一カ所空になると、次に移っていき、空になったところは、蓋も開けっぱなしにしています。

しばらくして、作業が終わる時、店の奥から引き返してきたホースの先っぽには、店の主人が、バケツをくっつけてついて歩いているではありませんか。ホースが全部畳まれて、所定の場所に収納されるまで。ホースからもれるワインをこぼさないように気づかっているんです。このバケツの中身も多分、地下の酒蔵に入れるとおもいます。

でも、驚きました。ワインをタンクで供給するなんて。さすがワインの国フランスです。もちろんこのワインは高級なはずはありません。ビンに詰めて、安い値段で売るのでしょう。あのムッシュウの二十二フランのはこれかもしれない、と思ったりしました。あるいは量り売りにするワインかも。それだともっと安いのです。タンクの中のワインは一種類じゃなかったかもしれません。

これらの作業の所要時間は約三十分。店の主人と運搬人は、ひとときも無駄せず駆けずり回って、大急ぎです。ホースの先にあてがったバケツだって、走りながら持っているわけです。

さて、この間、この一車線の道路はどうなったか。ゴミ収集車の時と同様、後ろに車の列ができるかと言えば、全くちがうんです。一台も後ろにはくっつきません。

この通りに入りかけた車は、このワイン・タンク車を認めると、すぐにバックして、いなくなります。何台もの車が同じことをしました。ゴミ車までもです。このゴミ車、間もなく、通りの反対側から現れ、なんとズズーとバックしてワイン車の前に付け、そこから前進して行きました。ワイン車はみんなのきらわれ者？　あるいはフランスです、敬意を表されているのかしらん。とにかく、ゴミ車とちがい、三十分かかることが判っているということでしょう。

夕方はベランダで社交

夕方になると、向かいの建物の上のベランダに（ベランダは最上階にしかついてないので、ここでは七階になる）、色々な人が現れます。通りを眺める人、隣の住人とおしゃべりする人、時には、子猫を貸してあげたり。子猫というのは、おばあさんが飼っている生まれたばかりのねこで、それを自慢して、隣の男の学生に見せているうちに、学生が貸してくれと言ったらしく、ベランダごしに手を伸ばして、なかなか届かないのを、ようやく猫をつかんだのだけど、見ている方がはらはらしちゃって。なにしろ七階ですもの。

夏には、そのままベランダでディナーを決め込むムッシューもいて、庭のないパリの生活の中で、解放されたこの小さな空間がいかに貴重かということが、感じとれます。それにしても、高所恐怖症だとパリでは暮らしにくいですね。

一方、通りは、学校帰りの中学生や高校生、買い物籠をいっぱいにして帰るマダムが通り終わると、パンをいっぱい抱えた勤め帰りのおじさんも足早に帰途につきます。

そして、家々の窓に明かりが点き始めます。

明かりを点けても、厚いカーテンを引いたり、雨戸を閉めることはほとんどなく、薄いレースのカーテン越しに、一家団欒の様子が見えてしまうということに気づいたとき、私はびっくり。プライヴァシーを重んじると信じていたフランス人のやることとは、とても思えませんでしたから。そういえば、我がアパルトマンの中庭に面したキッチンには全くカーテンが付いて無くて、素通しのガラスにびっくりして、すぐレースのカーテンを取り付けたのでした。ほんとは厚手のカーテンも付けたかったけど、変な人達、と思われるのじゃないかしらと遠慮してしまったりして。その後、お湯のタンクが壊れた時に、お風呂を貰いに伺ったお隣のバスルームも薄いレースのカーテンだけで、中庭越しにどこからも見えるのじゃないかと、とても心配でした。

夏のパリは、九時すぎまで暗くなりません。向かいのビア・ホールに明かりが入り、人が集って来ると、そろそろ夜中になります。

ビヤ・ホールの宵っぱりたちも寝静まったころ、部屋の上の方でみしみし物音がします。上の部屋のお爺さんが、寝つかれずに部屋のなかを歩き回っているのです。そっと歩いているのですが、古い建物の木の床はきしむのです。ほどなくあのゴミ車のやってくる時間になりますよ。お爺さんにはその夜が長いのです。それでも、おやすみなさい。

14　身のおきどころ

われわれは『夏の夜の夢』を、どこに位置づけて理解しているだろうか。「どこに」というのは物語の舞台となっている場所のことである。われわれにとって、この戯曲は何よりも先ずイギリス文学の傑作である。その傑作を翻訳でひもとくと、この劇の舞台は「アセンズ」と記されている。少なくとも、わたくしが最初に読んだ翻訳では、そのように表記されていた。そして、その「アセンズ」がアテナイもしくはアテネのことであるとは、しばらくのあいだ知らずにいた。それはわたくしの不明の故には相違ない。しかし、この劇にはアテネらしいところが殆どないことも、確かである。夏の夜に野宿ができる暑さ、ということと位ではないか。特に郊外に深い森が広がっている、という設定などは、現実のアテネとは似てもにつかない。つまり、シェイクスピア自身の場所の理解が観念的なのであり、その場所はまさしく「アセンズ」という何処にもない場所《ユートピア》なのである。それならば、この戯曲を読んで、イギリスの辺りに、あるいは地球儀の左上のあの辺りに位置づけてイメージしているわれわれの理解は、さほど見当はずれとも言えないことになる。

しかし、イギリス人、特にシェイクスピアの時代のイギリス人たちは、この劇を間違いなくアテネに位置づけて理解していたはずである。それは現実のアテネとは異なっていても、かれらの知っているアテネを舞台とする物語であった。かれらにとってもアテネは遥かな国であったに相違ないが、それでも、われわれが『西遊記』を読んで、それを「から・てんじく」に位置づけるほどには確かな方向感覚と距離感を以て、場所を表象していた、と考えなければなるまい。この場合、英国—アテネと日本—アテネの距離の差は、理解に伴うイメージの上で、或る質的な差異を生み出している。

＊

この差異をわたくしが初めて実感したのは、殆ど二十年前、留学した南仏の田舎まちで、『フェリーニのローマ』という映画を見たときのことである。この映画は、フェリーニの愛するローマの実写がふんだんに含まれている。このとき、わたくしは未だローマを直接見たことはなかったが、この映画を見ながら、或る違いの感覚に気付いていった。それは、「この映画を日本にいて見たならば見たであろうような見方とは、違う見方」をしている、という感覚である。確かにわたくしは、その映画館のスクリーンの向こう側に、コート・ダジュールの弓なりの海岸線を表象し、その更に向こうに、今スクリーンの上に見ているローマの光景を定位していた。そしてそれは、一種の体勢感覚の違いであり、与えられた対象に対する対し方の違いである。

同じ年のクリスマス・イヴの晩、パリで『ラ・ボエーム』を見たときにも、やはり同じような体験をした。このときわたくしは、「アセンズ」の場合とは異なり、これがパリを舞台にした物語であるということを、承知していた。しかし、カルチエ・ラタンを舞台とする第二幕になり、カルチエ・ラタンの中心にあるサン・ミッシェル広場の噴水が舞台の上に現れたとき、これが単なるイタリアのオペラではなく、このパリを、それもすぐそこのこのまちを舞台とした物語であるということを実感した。その瞬間、それがまさにクリスマス・イヴの物語であることとも相俟って、前世紀のボヘミアンたちの生態は、わたくしの空間のなかに入ってきたと思われたことであった。

外国人に日本の文学はわからない、と言いたがる人びとがいる。こういうものの言い方をわたくしは好まない。裏返して言えば、西洋学を生業とする者として、生存の基盤に関わることでもある。スコットランドのヒースの丘を知らなければ『嵐が丘』はわからないとか、ニュー・オリンズを知っていれば、『欲望という名の電車』がわかる、というようなものではあるまい。しかし、このように言いたくなる気持を理解しないわけではない。ここに、作品に対するわたくしの居場所の問題がある。そしてその居場所が、作品に対する現実の関係を左右する。もちろん、文化的空間の上での居場所の問題も存在する。特に文化的空間のうえでは、境界を越えることの難しさを感ずることが、だれにもあるはずだ。しかし、いま考えたいと思っているのは、物理的空間の上での距離の問題であり居場所の問題である。

日本とアテネの距離は、わたくしと『夏の夜の夢』を同じ空間に置くことを拒むような、絶対的な遠さである。この遠さが、わたくしと作品との関係を抽象的なものとし、わたくしの作品理解を観念的なものとする。では、もともと観念的なものである思想に関して、このような居場所の問題は起こらないのか。当然、その問題は存在するし、しかも極めて重要な問題ではないか、とわたくしは思い始めている。このことへの自覚を誘ったのは、パリに来てポーランドでの講演の原稿を準備する、という特異な体験であった。主題は「二十一世紀の藝術」である。これは『哲学雑誌』から与えられた課題だが、講演の機会をその準備に活用しよう、と考えたのである。わたくしは遠目が効くわけではない。だから、この魅力的だが難しい問題に対して答案を書くためには、自分の知っている藝術の現況から出発し、そこに兆している変化の芽を捉えて、そこに延長線を引く、という以外に手立てはあるまい、と思われた。唯一と思われた方針だが、原稿を書き始めてみると、思わぬ困難の種となった。出発点となるべき現在の藝術状況が、彼我において等しいという保証はどこにもなく、従って、それについての認識のうえで、聴衆とわたくしとの間に乖離があるという恐れが大いに感じられたからである。

勿論、わたくしにポーランドの藝術状況についての具体的な知識があったわけではない。この差異の意識は、パリのまちから与えられたものである。原稿を書くために穴蔵に閉じこもるような生活をしていても、折々に目につくことがないわけではない。原稿を書くという能動的な態度が、書いている事柄についての知覚を鋭くする。例えば、モダニスムの前衛的な藝術は、パリでは東京におけるよりも遥かによく日々の生活になじんでいるように見える。それは、前衛的な作品についてもポピュラーなレパートリーの場合と同じようにポスターがつくられ、そのポスターが広告塔やメトロの駅の壁面を飾っている、という事実に気付いたからである。逆に、「鑑賞する藝術」から「つくる藝術」への回帰ということは、わたくしが日本で生活しつつ観察したポイントの一つだが、このアンリ・ルソーの国では、その兆候は見つけにくいように思われた。公園や名所とされるところでスケッチ・ブックを広げているひとには、殆ど出会わない、という具合である。このように垣間見たことが、認識として正確であるかどうかは分からない。しかし、わたくしの立論に不安を与えるには十分なものであった。この乖離が事実であるならば、逆もまた真であるはずであり、パリには、そしてワルシャワには、わたくしの知らない変化があり、それこそがわたくしの聴衆となる人びとにとっては、二十一世紀に向けて重要な指標であるかもしれないのである。

＊

講演に関して言えば、結局わたくしは、意に反して、日本での観察ということを強調する羽目になった。しかし、二十一世紀の藝術が「二十一世紀の藝術」として語りうるような一つの顔をもつようになりうるのかどうか、それも定かではない。ソ連の解体に続いて、ユーゴスラヴィアとチェコ・スロヴァキアの解体は決定的である。その反面において、統一ドイツを中心として、ヨーロッパの統合の動きが進行している。いま、ヨーロッパ諸国においては、統合に関するマストリヒト条約の批准をめぐっての議論がかまびすしい。たとえ統合が成ったとしても、大きなヨーロッパのなかで地域主義が強くなってゆかない、という保証はない。それはおそらく力学的には自然な動きであろうし、現にあちこちでその兆候を指摘する声がある。

そのような歴史の地点に位置しているからには、思想にも固有の居場所がある、ということを認識しておくことは大切である。アテネは遠い。居場所が見えなくなるほどに、遠い距離である。その結果、われわれは西洋の思想をことさら普遍的なものとして受容してきたのではないか。飛行機の速さがどれほどのものになろうとも、体勢感覚に基づくこの距離感は変わらない。そして、この抽象的な普遍性を信じすぎることは、自らの思想の居場所を忘れ果てることにつながるのではないか。それは空論の始まりである。

ポーランドから帰ると、同じ主題で原稿をつくりなおし、今度はイタリアに出掛けた。トスカーナの古都アレッツォで、ペトラルカの生家に置かれたペトラルカ・アカデミーで講演するという機会を得てのことである。十四世紀の姿を伝えるというこの石のまちに立つと、ここで次の世紀のことを考えることなど、不可能でもあれば無用なことでもあるように思われた。原稿を書き上げてしばらく経ったいま、わたくしはこの違和感を忘れ始めている。そして、それを忘れてはなるまい、と戒めている。

15　テアトロ・オリンピコで聴いたベートーヴェン

テアトロ・オリンピコ（オリンピコ劇場）という名を聞いたことがおありだろうか。或いは、その名前を知らなくとも、このルネッサンスの劇場の写真か何かを、御覧になったことがあるかもしれない。舞台の背景に、多くの彫像で飾られた白い壁が立ち、更にそこに穿たれた三つの門口の向こうに、遠近法を用いた街路が、かき割りではなく、立体的に組み立てられていて、常設の背景もしくは装置をなしている、あの劇場である。

わたくしは、この劇場の写真を演劇史の研究書の挿絵で見て、強い印象を受けた。その印象の半ばは或る違和感であり、残りの半ばは魅惑である。違和感を覚えるのは当然であろう。この劇場はあとにもさきにも類例がない。文字通りユニークな存在だ。わたくしが書物から得たところによれば、これは古代の劇場の復活を目指して設計されたものだが、他方で現存する古代劇場の遺跡、例えばエピダウロスの劇場やアテナイのディオニュソス劇場などの相貌を知っているわれわれの目には、誤解のモニュメントのように映る。魅惑の由来はわたくしにとっては明らかであった。それは、前例のないことに敢えて挑もうとする創作意欲もしくは征服への意志の、衒いのない現れであり、そのことに魅了されたのである。

演劇史に関わる知的な好奇心もあった。この三つの開口部とその奥の装置がどのように利用されて、上演がなされていたのかという、演出に関する興味である。ローマ時代の劇場の遺跡のなかでもよく保存されていて、客席だけでなく舞台部分が残っているもの、例えば南仏のオランジュにある有名な遺跡を見れば、舞台奥の壁面には、三つの戸口が設けられている。そして、ローマの喜劇は大抵の場合、三つの家の間を移りつつ、或いは往来しつつ、物語が展開してゆくから、劇場の遺跡にある三つの戸口はこの戯曲の構造と符合する。(もっとも、これらの巨大な劇場で何が上演されていたのかを、わたくしは知ることができずにいる。ローマ演劇は、他の文化領域に遥に先駆けて、紀元前三世紀には全盛期を迎え、その後は著しい衰退を示したが、これらの劇場遺跡はずっと後のものにすぎない)。他方、近世のバロック演劇においては、同時舞台と呼ばれる装置の存在が知られている。すなわち、物語のなかの設定ではかなり離れたところにあって、後の演出様式ならば装置を転換して処理する建物その他を、隣合わせの一つの装置に作り上げ、場面転換なしに済ませる手法である。しかも、それを描いた版画などを見る限り、視覚的にはあたかも一つの場所を描いたものと見えるほどに自然な取り合わせになっている。テアトロ・オリンピコの固定式舞台には、これらとの関係についての問いを刺戟するところがある。

＊

このようなわけで、いつかこの劇場を訪れ、その遠近法をこの目で見、その空間を肌身に感じたいと思っていた。しかし、右に書いた以外、この劇場に関する知識はあやふやだった。この劇場は、わたくしの記憶のなかで、何故かパッラーディオとスカモッツィという二人の建築家の名前と結びついていて、既に曖昧である。それがヴィチェンツァという北イタリアの町にあることは知っていたが、この町が正確にどこにあるのかも知らなかった。ただ、ヴィチェンツァが普通の観光コースにある町ではなく、その意味で行きにくいところであることは確かだ。だから、現在の十カ月近いパリ滞在は、年来のこの念願を果たすべき貴重な機会になると思われた。果たせるかな、イタリアへ講演に出掛ける機会が巡ってきた。そこでこの機をとらえて、ヴィチェンツァ行きを実行することにした。そしてついに、五月半ばのよく晴れたとても暑い日の昼過ぎに、わたくしはこの町の駅に降りた。ヴィチェンツァは、ヴェネツィアのほぼ真西約六十キロに位置している。

＊

テアトロ・オリンピコは、駅から北東の方角に鉤の手に歩いて約二十分、おそらく旧市街のはずれ、と思われるところにある。入口は、異様に高い石の塀に設けられた鉄格子の扉である。その向こうに見える建物も、薄いれんがを積み上げたその壁面には、劇場らしいたたずまいは全くない。待つことしばし、この扉が開く。午後の見学時間の始まりである。中に入ると、ここの見学にはガイドがつく。わたくしは、アメリカから来た初老の夫婦と三人で、七十才くらいかと思われるガイドについた。かれはイタリア語はもとより、少なくとも英独仏の三カ国語を達者に話す。以下、かれの説明から理解したことと、小冊子を読んで得た知識を合わせて、この劇場の成り立ちのあらましを紹介しよう。

外見の異様さは当然のことで、この劇場は昔の城館のなかに造られ、しかも以前には監獄のあった空間が用いられている。その名の由来は、この劇場を企画し、造営したアッカデーミア・オリンピカに由来している。人文主義的理想に立って一五五五年に創立されたこのアカデミーが、或る演劇の上演のためと、自らの活動の本拠として、この劇場の建立を決定し、有力会員であった建築家のアンドレア・パッラーディオに設計と施工を委ねたのは一五八〇年のことである。パッラーディオ自身、この計画の中心的な推進者の一人であったし、その熱意の背後には、長年の研鑽と経験があった。その研鑽のうちには、建築論の古典であるウィトルーウィウスの研究と、ヴィチェンツァのベルガ劇場を含む古代劇場の遺跡の調査があり、また六〇年代にヴィチェンツァとヴェネツィアで、一～二シーズンのために造った仮設劇場その他が、かれの経験のうちに含まれていた。

満を持していたパッラーディオは数週間で模型を作り、非常な速さで仕事を進めたらしい。しかし、アカデミーの決定の下った半年後、同じ一五八〇年の八月にかれは亡くなってしまう。かれが未完のまま残した他の建造物の場合と同じく、テアトロ・オリンピコについても、その仕事を引き継ぎ完成させたのは、弟子のヴィンチェンツォ・スカモッツィである。古代劇場の遺跡に範をとった師の仕事が、舞台の壁面（frons scaenae）にその主たる努力を傾注したものであるのに対して、弟子はその奥に続くあの遠近法式の舞台もしくは装置を新たに設計している。（従って、この劇場を二人の建築家の名前と結びつけていたわたくしの記憶の混乱には、理由があったわけである）。舞台壁面の中央上部に嵌め込まれたパネルには、一五八四年という竣工の年と建築家パッラーディオの名前が刻まれてい

テアトロ・オリンピコ（舞台壁面と奥の街路の装置）

る。

木材とスタッコで造られたこの劇場のなかで、最も豪華なのは、間違いなく白いスタッコ仕上げの舞台壁面であろう。パッラーディオが最大の努力を払ったこの部分は、舞台を包むようにコの字形に折れ曲がっている。三層に分かれ、下の層には十本の円柱が立っているほか、台座こと中間との二層には壁龕のなか、最上層には、のうえに多くの彫像を置き、最上層には、アッカデーミア・オリンピカと関係の深いヘラクレスの偉業が浮き彫りされている。立ち並ぶ像は古代の衣装をまとっているが、当時のアカデミーの会員たちのものである。この壁面は、演劇には無縁なものとして、初めからわたくしの関心の外にあったが、事実、設計案において

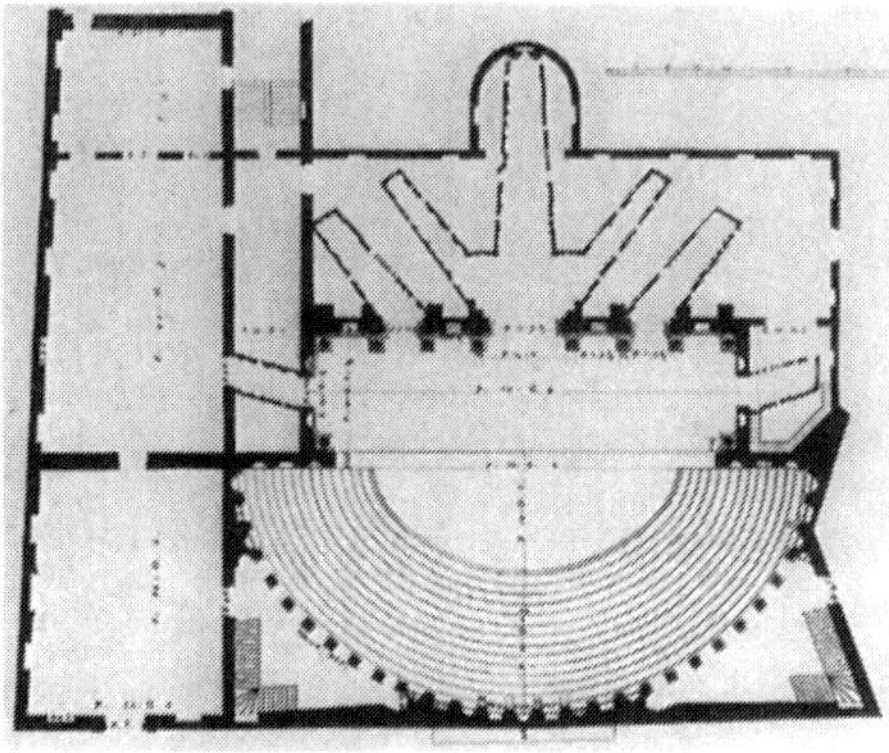

テアトロ・オリンピコ　平面図

も、これはアカデミーの活動の理念を念頭において構想されたものであることが分かる。特にパッラーディオが心血を注いだのがこの壁面であり、それがアカデミーの仕事を顕揚するためのものであって、わたくしのように演劇の観点からこの劇場に関心を寄せる者には無縁であるという、この事実は注目に値する。このギャップは既に何かを意味している。

演劇の目で見れば、テアトロ・オリンピコとはすなわち、スカモッツィの造った背景装置である。しかし、こちらの方にも常識的な演劇観を驚かせるところがある。すなわち、スカモッツィの舞台装置は、こけらおとしとして上演（一五八五年三月三日）されたソポクレスの『オイディプス王』のためのものであった、ということである。作り付けの装置であるから、劇場全体がただ一つの戯曲のためだけに建設された、ということになる。街路をかたどったこの装置は、日本風にいう二階建てで、壁龕のなかと屋根の上に人体の影像をあしらったところなど、典型的にパッラーディオ風のルネッサンスの都市、例えばヴィチェンツァの町並みを思わせる。それ故に、写真を見ていたかぎりは、これはどの戯曲の上演にも適合しうる汎用の装置として常設されたものと、わたくしは思っていた。ところが、これは『オイディプス王』の舞台であるテーバイの町を描いたものであり、特に、ここに七本の街路が置かれていることは、テーバイの七つの城門に則っている、という。（写真では判りにくいが、中央の広い開口部には、一本だけではなくその両脇に一本ずつ、計三本の街路が造られ、小さい開口部に一本ずつ、そして両袖に一本ずつ、と合わせて全体で七本になる――平面図を見よ）。これがギリシアの都市に全く似ていない、ということは、ルネッサンスの人びとの懐いていたギリシアのイメージとして受け入れることができる。しかし、或る特定の作品のための装置を、劇場に常設する形で固定し、後に残す、という構想そのものが驚くべきものである。別の戯曲を上演するときには、どうするのか。

だが、間違いはわれわれの劇場概念を以てテアトロ・オリンピコを計ろうとするところにある。演劇興行の習慣が確立していなかった時代のことである。しかもテアトロ・オリンピコは商業的な目的のもとに建てられたものではない。事実、次にここで演劇が上演されるまでに、三十年近い年月が流れ、更にその次となると、十九世紀の半ばまで待たなければならない。つまり、次の公演のことなど、これを造った人びとの念頭にはなかった、ということである。劇場というものは、パッラーディオがそれ以前に造ったものがそうであったように、一つの上演とともに消えるべきものだった。それを敢えて後に残すのは、その上演をアカデミーの栄光ある歴史の一頁として伝えるということが、考えられてのことであったろう。しかし、より本質的には、この劇場が機能的には劇場ではなく、建造物としてアカデミーの理念を表現し、その威光を示すことに主眼を置いていたから

天平の使節団　フレスコ画

に相違ない。テアトロ・オリンピコは、あくまでアッカデーミア・オリンピコの殿堂だったのである。そのように考えれば、『オイディプス王』の舞台背景を残すということは、特に人文主義的な理想を掲げたアカデミーに相応しいものと見える。その意味で、パッラーディオの舞台壁面もスカモッツィの固定舞台も、同じ理念に従っていたと言えよう。

*

アカデミーの記念建造物というこの性格をよく示す歴史の一齣がある。ギリシア悲劇の英雄たちのあとをうけて、その四ケ月後、このアカデミーの殿堂の舞台に登ったのは、なんと、われらの天平の使節団であった。(その歓迎式典の模様を描いたフレスコ画が、付属のアンチ・オデオンという広間を飾っているが、わたくしは残念ながら、これを見過ごしてしまった)。この事実をガイドの口から知らされた瞬間、わたくしは不思議な感動に捉えられた。普段、わたくしの頭のなかで平行線を描いてどうしても交わらない二つの歴史、日本とヨーロッパのそれぞれの近世史が、このとき鋭く交錯した。そして、テアトロ・オリンピコの客席に座ってその舞台空間を見つめつつ、四百年前、ここに迎えられてこの同じ荘厳さに向かい合った戦国時代の少年たちが何を見たのか、を思った。勿論、それを知るよしもないし、それはイメージすることさえ難しい。かれらとこの舞台を隔てていた距離は、わたくしとルネッサンスを隔てる距離よりも遠いことは間違いないし、おそらくはルネッサンス人と古代ギリシアの間の距離よりも遠い。だがそれは、わたくしとかれらの間の距離と比べて、より遠いと言えるのだろうか。もっとも、かれらは虚心に、ただ美しいとのみ思って、これを見つめていたのかもしれない。

*

その場にいて、テアトロ・オリンピコをあくまでも劇場として見ていたとき、関心を引かれた一点は、そのオルケストラである。古代の劇場においてコロス（歌い踊る十五人の一隊）のための踊り場であったこの空間は、近代のオペラ劇場におけるオーケストラ・ボックスに変貌してゆく。テアトロ・オリンピコのオルケストラは、形から言えば、後者に似ている。そしてパッラーディオの時代は、フィレンツェの人文学者たちがオペラを考案する時期とほぼ一致している。しかも、かれらが目指したのは、古代の演劇もしくは劇場を復興することであって、この点でも符合している。パッラーディオがこの空間をいかなるものとして構想したのか、そして『オイディプス王』の上演において、それはどのように用いられたのか。合唱の部分が作曲されたことは知られているが、オーケストラが用いられたのかどうかは判然としない。

このような意味で、劇場建築だけでなく、一五八五年の『オイディプス王』(Edipo Tiranno 僭主エディポ)の上演そのものにも、歴史的に見て興味深いところがある。第一に演劇史的に見れば、古代の古典を翻訳によってそのまま上演するということが、この時代には極めて稀なことだった。これが例外的な事実であるということもまた、この上演が商業的なものではなかったことの証左となろう。そして何よりも、この上演はオペラの歴史と交錯しているということである。フィレンツェの人びともヴィッツェンツァの人びとも、ともに古代ギリシア悲劇を復活させようとした。同じく古代悲劇の復興を志しながら、フィレンツェのカメラータが新作を以てそれを行おうとしたのに対して、ヴィッツェンツァのアカデミーは翻訳上演という形を選んだ。古代悲劇についての理解に則って、かれらの『僭主エディポ』(オルサット・ジュスティニアーニ Orsatto Giustiniani訳)にも音楽が付けられて、合唱は歌われた。作曲者はアンドレア・ガブリエリ(一五三三〜八五)で、有名なジョヴァンニ・ガブリエリの伯父に当たる。成城大学助教授の津上英輔君が、この音楽を抜粋したレコード(Audite, D-7302)を聴かせてくれた。合唱部分を歌い、せりふの部分はせりふとして残してある。全篇を歌うものと考えたフィレンツェの人びとに比べて、古代悲劇の理解としては、より正確である。しかし、誤解がオペラという新しいジャンルの藝術を生み出したのにひきかえ、この正確な理解は、演劇史のなかの目立たないエピソードとして、小さな活字で残されているに過ぎない。確かに、ガブリエりの音楽は、少なくともわたくしのような素人が聴く限りでは、あまり面白いものではない。

オルケストラに話を戻すなら、古代悲劇の上演形態についての理解が正確だったとは言っても、テアトロ・オリンピコのオルケストラを見れば、その限界が分かる。右に記したように、これは全く古代的ではない。かれらはこのオルケストラをいかに使い、コロスをいかに演出していたのだろうか。ちなみに、天平の少年使節団を描いた右のフレスコ画を、書物の挿絵で見るかぎり、少年たちはオルケストラ部分の、しかも舞台面と同じ高さのところに描かれている。つまり、このようなアカデミーの行事の際には、オルケストラ部分に蓋をして舞台と同じ高さにして用いたことが分かる。しかし、演劇の上演におけるその役割については少しも明らかではないのである。

わたくしの関心から言えば、是非ともここでの演劇の上演を見たいところだ。しかし、それは年に数回しかなく、わざわざその為の再訪を期するほかはない。それでも、旅行者にとっては千載一遇のチャンス、わたくしの訪れたその日の夜、コンサートがある。ベートーヴェンのピアノ協奏曲が二曲というプログラムは、テアトロ・オリンピコと不似合いとも思われたが、それはこの際二の次である。また、わたくしの旅行は既に長くなり、予定を一日縮めて早くパリに戻りたいと思っていたところだが、これも取り止めである。思いがけず、ヴィチェンツァは美しい町だ。ここに一泊するのも悪くない。コンサートの切符を買ってから、ホテルを取った。

見学のときには、舞台はもとより、オルケストラの部分にも入ることができなかった。コンサートではこの窪んだ部分にも客を入れる。そこで、わたくしはその中央の一番後ろ（といっても舞台からほんの数メートルのところだ）の席を選んだ。

テアトロ・オリンピコでは、パッラーディオの造った舞台部分の天井には装飾が施されているが、その他は、客席もまたスカモッツィの舞台にも、その天井には青空が描かれている。造られた街路の上の青空は、照明を受けて深みを増し、美しい。わたくしの席から見ると、中央街路の両脇の建物の屋上に置かれた彫像がよく見える。

青空を照らしていたライトが一度消え、もう一度ついたとき、楽士たちが登場してきた。名前を知らないピアニストと指揮者、それに「オリンピコ劇場管弦楽団」の音楽に、大きな期待を抱いていたわけではない。しかし、第二番の協奏曲の序奏が始まると、ヴァイオリンがとても美しい。ここはクレモナにも近い、と思ったりする。特に指揮者は、音楽をよく制御しているように見える。かれの大きな身振りは、さながら舞いの如くである。その身振りは、中央のアーチ形の開口部越しに見えているあのスカモッツィの二つの彫像と呼応している。これらの彫像は、それ自体、小さいながら流れるような動態を示しているのだが、いまや、指揮者の身振りとベートーヴェンの音楽が、そこに精気を吹き込み、動かしているかのようだ、人工の青空を背景として。

かくして、わたくしは目と耳の舞踊にとらえられ、劇場と作曲家を隔てている二世紀の距離は、やすやすと溶解してしまった。この経験は、一面では、ベートーヴェンという音楽の巨人が、これまで享受してきた突出した地位を喪い、近世＝近代というかなり広い時代の像のなかに平均化されつつあることを、映している。しかしその反面では、テアトロ・オリンピコが、その同じ広い時代の像となりうることをも、示しているように思われた。

＊

観客用の出入口の設けられた路地から、正面の広場にでる。満月が広場に立つ彫像を黒々と映し出している。右手にはやはりパッラーディオの造ったキエリカーティ宮が威容を見せているが、その屋上にも彫像が並んでいる。かれがローマ建築から汲み取って復活させた様式である。今しがた愉しんだ近世＝近代の音楽の響きは、酔いのように耳に残り、なおもこの彫像の影をも動かしているかに見えた。そして、舞いの精となって、夜のパッラーディオの町のあちこちへと広がっていった。

16　ルイ・マランさん追悼

サン・テチエンヌ・デュ・モン教会。その名〔丘の聖エチエンヌ教会〕の通り、パリのサント・ジュヌヴィエーヴの丘の上、パンテオンの裏手に立つ教会である。前々から気になっていた由緒ある教会の一つだが、こんな形で訪れようとは夢にも思わなかった。

空は暗く重たい。そして寒い。もう間もなく定刻だが、誰もいない。場所を間違えるはずはない。今日ここ、ということを教えられ、この教会に電話をかけて式の時刻を尋ねたのだから。間違えるとすれば時刻だが……、と一抹の不安を覚えかけたころ、三々五々、参列者と覚しき人びとが現れ始めた。臨時の逗留者ゆえ、手持ちのなかで最も黒っぽいスーツを着て出掛けたが、殆どのひとがラフな普段着だ。おまけに、式の最中もコートを脱がない。

教会のなかは、思ったほど広くはない。式の始まる頃には、それでも相当の座席を埋めるだけの参会者がいた。決して、盛大な葬儀とは言えない。そのなかにいて、わたくしには知り合いは一人しかいない。旧知のニコラ・テルトゥリアン、マランさんの同僚で、わたくしはかれに電話をして、この葬儀のことを教えてもらった。しかし、非常に親しい、というわけではない。

外国で葬儀に参列するのは、初めてだ。司祭自身が故人の生前の仕事を語り、遺徳を偲ぶのに、少々驚いたが、「ああ、これが oraison funèbre〔追悼演説〕だ」と納得する。司祭という存在についてわたくしの抱いている常識的なイメージと、かれが《記号論の大家》のことを語るという事実とが、容易に重ならない。耳に残ったのは、死の床にあったマランさんの、家族への言葉である。「怖がらないで」。そう言って、死にゆくかれが、生き残る家族を慰めたのである。穏やかに、死を見据えていたらしい。かれの穏やかな暖かさが思い出されるが、同時に家庭にいるかれの存在が遠いもののようにも感じられる。一般に、親しく思っている知己や友人でも、わたくしの知らない多くの顔がある。ましてや、マランさんの場合は当然である。わたくしは、かれを非常に身近に思っていたが、何度会ったか、と数えることができるほどなのだ。サン・テチエンヌ・デュ・モンの会衆のなかに混じっていると、故人に対して抱いてきた親近感が錯誤であったかのような感覚に襲われる、自分があたかも通りすがりの異邦人であるかのような。

マランさんにとって、わたくしは何者だったのだろうか。もちろん、そんなことを当人に尋ねたことはないし、尋ねようにも、その機会は永遠に喪われてしまった。しかし、以前から、それを尋ねてみたい、と思ったことはある。マランさんは親切なひとだった。しかし、わたくしは自分の受ける「親切さ」が過大なものであるようにも、感じていた。

＊

新聞を買ったのは、全くの偶然だった。フランス語の新聞をきちんと読むのは、時間がかかる。だからわたくしは、定期的に新聞を買うようなことはしない。このときは、アメリカの大統領選挙のことが気になっていて、『ル・モンド』を求めた。ページをめくっていくうちに、「哲学者ルイ・

マラン」という見出しが目に入った。《ああ、またマランさんのことが出ている》と思っただけで、読み過ごした。そして、その記事に帰って本文を読もうとしたとき、初めて、それが追悼記事であることを知った。冒頭に、既報の記事の抜粋がゴチックの活字で記されていた。「哲学者にして歴史家のルイ・マランは、十月二十九日木曜日、パリで死去した。六十一歳であった」。

重苦しい衝撃がわたくしをとらえた。

今回パリへ来る直前のクリスマス・カードのなかに、代筆のものが二通混じっていて、そのことにも、軽いショックを受けていた。一通はアンリ・グイエ先生のもので、九十三歳という御高齢を思えば、致し方ない。いつかはと予期しないではなかった。しかし、もう一通のマランさんの方は、予期せざることで、嫌な感じを覚えた。手術を受けたところだ、というのである。もちろん、わたくしの送ったカードには、近く、家内と娘とともにパリにゆき、十カ月ほど滞在するから、お会いできるのを楽しみにしている旨を書いておいた。それへの応答として、体調が許せば、春はアメリカに行くが、パリに戻ってから会いたい、とも書いて下さっていた。

パリについてすぐに手紙を差し上げたが、なかなか返事は来なかった。それが届いたのは、七月の末か八月の初めだった。やはりアメリカに行ってらしたということで、パリには八月末に戻るので、そうしたら会いたい、とあった。九月になって、何度か電話をしたが、お医者さんのところにいらしていたり、安静時間で奥様が取り次いで下さらなかったりした。そうして或るとき、マランさん本人が電話口に出てこられた。あの太い、大きなバスの声は変わらない。しかし、ぜいぜいと息を切らしているようで、体調がよくないということは分かった。「アメリカにいらしたのが、無理だったのではありませんか」と申し上げると、「そんなことはない、アメリカはとっても面白かった」ときっぱりおっしゃった。しかしそれは、アメリカ行きがいけなかったということを自覚しているからこその強い断定、という風に、わたくしの耳には響いた。「是非お会いしたい。近いうちに、何人かの友人と一緒に、食事にお呼びしたいと思っています」。それが、マランさんの最後の言葉だった。

それは、ほんの一月ほど前のことにすぎない。それだけではない。わたくしの指導している大学院の学生が、留学してマランさんの指導を受けることを希望していて、マランさんの同意書を欲しがっていた。これを手紙でお願いしたのに対しては、必要書類という以上に心のこもった手紙を下さったばかりだった。

＊

マランさんとの最初の接触も、留学に関係していた。現在多摩美術大学教授の村山康男君が、「イメージのレトリック」という主題でフランス留学するに際して、適切な指導教授を探していた。言語学者のニコラ・リュウェ氏に相談すると、直ちに「ルイ・マランがいい」と勧めて下さったのである。

マランさんにお目にかかったのは、一九八五年秋、フランス政府の文化使節として来日されたときが最初だった。日仏会館での講演、日仏哲学会主催のターブル・ロンド、そして本郷の学士会館分館での講演会にも出席した。内容はすっかり忘れてしまったが、ターブル・ロンドの際、わたくしもマランさんの報告に関連して、十八世紀のフランス美学に関する意見を述べた。そして、それまでに公刊したフランス語の論文の抜き刷りを何点か差し上げた。それを読んで下さったかどうかは、分からない。しかし、この時を機に、親しく言葉を交わし、お付き合い下さるようになった。

パリに来るときには、連絡をとった。ＥＨＥＳＳ（社会科学高等研究院）の研究室にお訪ねすると、近くのビストロに連れていって下さり、お昼を御馳走になった。美味しく、お昼としては豪華な食事だった。美味しいと言うと、それを店の主人に伝えて、御自身でも喜ばれた。また、わたくしの研究室が刊行している欧文の雑誌ＪＴＬＡに、二本の論文を頂いた。一度目は、わたくしの気持としてはアンリ・グイエ先生に献呈する号に、ピエール・ニコールの演劇論についての論文を寄せて下さった。マランさん自身、博士論文（『言説についての批判』というパスカル論）の主査がグイエ先生だったということで、喜んで寄稿して下さった。十七世紀のジャンセニストの演劇論というその主題もまた、グイエ先生の御関心に沿ったもので、細かな心配りを感じた。この号は当然、グイエ先生の論文を巻頭に置いた。マランさんの世界的な名声を思えば、その論文を巻頭に置かないことは心苦しく、そのことを申し上げると、マランさんはこれは当然のこと、という態度だった。そこで、では次回には巻頭でというふうに話は決まった。この計画をマランさんは「われわれの共同作業collaboration」と呼んだ。この共同作業に際して、わたくしは主題の選択をかれに委ねた。そのかれが選んだのは「建築」であり、自らは「国王の建築——権力の場所としてのヴェルサイユ」という論文を寄せて下さった。編者としてのわたくしも、随分と力を入れたから、この建築の特集号は、グイエ号とともに、わたくしの責任で編集したＪＴＬＡのなかでも、特に充実したものとなっている。

具体的に話があったわけではない。しかし、わたくしが望むならば、この「共同作業」は更に続けられるだろう、ということを確信していた。また、その他の形での学問的な交流を、条件法ではなく未来形において考えてもいた。例えばマランさんは、「君を講義に呼んであげよう」とも言って下さっていた。そのとき、わたくしは、大学から派遣されるパリでの在外研究を先にしたい、と答えたのだが、それが今回得た機会だったのである。そんな経緯から、この十カ月の間には、マランさんのゼミで研究報告をすることが、当然のことのように、わたくしは思っていた(パリでは、どのゼミでも、頻繁に他の教師をゲストとして呼ぶ)。だから、「是非会いたい」という電話口でのかれの言葉は、何らかの「共同作業」にかかわること、とわたくしは受け取っていた。

実は、わたくしの方でも密かに準備をしていた。やや専門的な話になるが、わたくしの十八世紀美学研究の根底をなす研究として、「絵画の時代としての十八世紀」という論文がある。これを、是非ともマランさんに読んでほしい、と思っていたし、元気だったかれに最後に会ったときにも、この話はしてあった。だから、相当な長篇論文であるにもかかわらず、パリに着いてからわたくしは、この論文のフランス語版を作ることに努力し、シエナ大学での講演に用いた。この原稿は、結局、アニー・ベックさんの御推輓を得て、フランスの学会誌『十八世紀』に掲載されることになった(注—その第二七号に掲載された)。だが、誰よりもこれを読んで欲しいと思っていたマランさんには、もう読んで頂くことはできない。

マランさんにとって、わたくしが何者だったのかは、よく分からない。しかし、わたくしにとってのマランさんの存在は、はっきりしている。マランさんは、わたくしの仕事の、少なくとも近世フランス美学研究におけるわたくしの仕事の、理解者だった。より正確に言うならば、それを理解して下さっているとわたくしが信じ、そして今後の展開を見守ってほしいと望んでいる、そんな先輩だった。わたくしは、マランさんの「ファン」だったわけではない。最初にお会いしたときには、いまだ一冊の御著書も、一篇の論文さえ読んでいなかった。『言説についての批判』は、読んでも理解できなかった。しかし、十七~八世紀の美学の研究の上で、心が通い合っていたことを、わたくしは疑っていない。

マランさんが優しく温かいひとだったことは、かれを識るひとの誰もが認めている。クリスマスの頃にパリでお会いしたとき、明日からヴァカンスで孫に会いにゆく、と嬉しそうにおっしゃった。お孫さんがいらっしゃる、ということが、少々意外だったので、「もう、お祖父さんなんですか」と申し上げると、優しい目が微笑んだまま、はにかみの表情を浮かべた。その目も、あの深いバスの声も、そして大きく温かい手も、わたくしは忘れない。

＊

世の人びとにとって、マランさんが何者だったか、について。

その頃、恩師ジャン・ドプラン先生は、未だソルボンヌを引退してはおられなかった。そこで、電話でお約束をした上で、ソルボンヌの二階にある研究室に、先生をお訪ねした。そのとき先生は、右に記したＪＴＬＡの《ミューズ的藝術》と題したグイエ特集号のたなおろしを始められた。「ムッシュー・グイエは、あの御高齢で、これだけしっかりと筋の通ったものを書かれる。さすがです」。グイエ先生の論文は、もちろん巻頭にあり、新刊の御著書『演劇と二層的藝術 Le Théâtre et les arts à deux temps』の主題を語られた短いものである。二番目の論文はマランさんの二コール論だ。「記号論。記号論はわたしには判らない」、とドプラン先生。言葉は、外国語にかぎらず母語であっても、虫眼鏡をあてて詳細に見ようとすると、発言の趣旨もしくはニュアンスが、霞のように消えてしまうことがある。このときドプラン先生の言われたのは“Ça me dépasse”という表現で、直訳すれば「わたしの力を超えている」というようなことになろう。即座にわたくしが受け取った意味は、「わたしはそんなものは判りたくないよ」ということだ。そしてこの短いコメントのあと、次の論文に移られた。ドプラン先生は、多分英語とドイツ語の論文は飛ばされたように思う。わたくしの劇場空間に関する論考についても、何かをおっしゃって下さった。そんなことは、後にも先にもこのときだけのことだったが、内容は忘れてしまった。最後は塩川徹也さんのジャンセニスムに関する論文について、当然の称賛の言葉だった。

このたなおろしは、「記号論はわたしには判らない」の一言をおっしゃるためのものだった。つまりは、「わたしは君が、ルイ・マランのような流行の学者と付き合うのは好まない」、ということだ。わたくしは先生のお気持が判る。先生にとってマランさんは、《スター》であり、学問におけるスターとは軽佻浮薄ということだ。わたくしも流行の学者は好きではない。しかし、スター学者の観念と、真摯で温かいマランさんの像は、わたくしのなかでは重ならない。そして、少々悲しかったのは、このニコール論を、ドプラン先生が読んで下さらなかったことである。読まずに「記号論」と決めつけられたことである。これは記号論の論文ではない。極めて正統的なテクスト解釈の論考で、読まれればドプラン先生も高く評価されたのではないかと思う。この論文を捧げられたグイエ先生が、これを評価され、喜ばれたように。

このグイエ特集号の二年後、つまり、わたくしが編集の責任を負う次の機会に、わたくしはマランさんの案に従って建築の特集号を編んだ。ドプラン先生には不快なことだったろう。幸い、これによって「破門」されるようなことにはならなかったが。

＊

マランさんは、ドプラン先生にとっては《スター》、わたくしにとっては温かい理解者だった。御自身はどう考えておられたのか。

思い出されることがある。或るときの会話のなかでのエピソードである。話題は哲学者の中村雄二郎さんのことだった。中村さんは、マランさんの訪日の折、日仏哲学会の副会長として、受入れ側の中心的な役割を担っておられた。中村さんも、それ以来、パリにいらっしゃるときには、マランさんに連絡をとっておられた。マランさんは苦笑まじりに言われた、「ムッシュー・ナカムラは朝の七時に電話してきて、これから朝食を一緒にできないか、とおっしゃるのだが、無理ですよ」。そのとき、「ムッシュー・ナカムラのようなスター」と「われわれ」とを二つのカテゴリーに分けられたのを、印象深く覚えている。中村さんを「スター」と呼ぶ言葉には、ドプラン先生の「記号論」のような刺や毒は、いささかも含まれていなかった。眼目はむしろ、御自身をわたくしと同じカテゴリーに入れることの方にあると思った。それは、会話している相手の心をくすぐる優しさである。マランさんは、自らが学問におけるスターと見られることのあることを、おそらく御存知だったに相違ない。しかし、御自身ではそれを否定された。そして、その言葉に、わたくしは何のてらいも感じなかった。

＊

一九九五年八月三日、フィンランド・ラハティ市市立劇場。第十三回国際美学会議の三日目で、演壇にはパリ大学名誉教授のアンヌ・コクランがいた。その都市論と風景論の二冊の本をわたくしは買い求めたまま、まだ数ページしか読んでいない。その数ページからは、ずっと若い女性を予想していた。肉体的には相当の年齢に見える。しかし、その知性は見事に若々しい。後にも先にも、これほど見事な講演を、わたくしは聴いたことがない。ときどき用意した原稿をめくるのだが、そこに目を落とすことは殆どない。それでいて、言葉を言いなおすようなことはなく、淀みなく、いささかの乱れもなく、理路整然と議論が展開された。その講演を、彼女は五月に亡くなったミケル・デュフレンヌへの賛辞から始めた、「この場に立つのがより相応しい人がいた」というトポスを糸口として。コクランはデュフレンヌの存在を「古典的 classique」という言葉で総括した。かれの論旨の明晰さ、そして美的体験や創造性などの正統的な美学の主題を体系的に展開したことなどは、誰しも「古典的」と性格づけることだろう。だが、古典的と呼ぶのが適切かどうかは疑問の余地があるが、指摘された事実そのものに共感したのは次のことである。

すなわち、《デュフレンヌは、構造主義にも記号論にも否定的な考えをもち、これらについて批判を展開した著作もある。しかし、この個人的な見解にこだわることなく、周囲に多彩な人材を集めた。J＝F・リオタール、そしてかれも亡くなってしまったがルイ・マラン。デュフレンヌはまた、ロラン・バルトの友人でもあった》。わたくしをグイエ先生に紹介して下さったのも、デュフレンヌさんだった。しかし、それは顔が広いとか、人脈に通じている、というようなことでは全くない。それはあらゆる人びとの活動に向けられた若々しい知的好奇心であり、知的に寛容な篤い友情である。デュフレンヌさんにおいて友情は、おそらく、特定の誰かとの関係ではなく、かれの人柄そのものなのである。

デュフレンヌを語るのに相応しいのは、例えば、神戸大学の山縣煕さんである。わたくしはいま、もちろん、マランさんの思い出をつづろうとしているだけだ。コクランの言葉をここに引用したのは、そこにマランさんの名が出てきた、というだけの理由によるのではない。この言葉によって初めて、わたくしはデュフレンヌさんとマランさんの近しい関係を知った。それと同時に、わたくしのなかで、お二人の姿が微かに重なって見えたのである。デュフレンヌさんが「クラシック」ならば、マランさんもまた「クラシック」なのではないか。わたくしにとってマランさんは、まぎれもなく「クラシック」なひとだった。

17　ムッシュー・キム

その日、パリでは日常茶飯事のメトロの部分的なストライキがあり、おまけに場所を間違えたことも手伝って、大幅に遅刻した。会場のＥＨＥＳＳ（社会科学高等研究院）の講堂の一番上の扉から中に入ると、講壇に座ったキムの姿がすぐに目に入った。浅黒いところは変わらない。やはり相当に太った感じがする。かれは既に報告を終え、質疑応答をしている最中だった。韓国文学についてのシンポジウムの一こまである。見下ろす位置にいるので、髪の毛の薄くなったのが分かる。何故か分からないが、涙がにじんできた。その少しも変わらない声、話し方も、また相応に老化した肉体も、あの時から過ぎ去ったわれわれの二十年の歳月そのものだ。

ほどなく、かれのセッションは終わった。壇を下りたキムは、わたくしに向かって手を挙げると、脇の通路を上がってきた。久し振りの握手を交わし、総括討論までの時間を利用して、外に出た。カフェに座って、「ドミ」と通称される生ビールのグラスを合わせると、時間は二十年前の日々につながった。

今度のパリ滞在に際しての最も嬉しい奇遇がこれだ。われわれは同じ年にフランス政府の留学生となり、同じところでフランス語の研修を受ける仲間として出会い、同じ大学で学んで日々に親交を重ねた。それから、それぞれに祖国に帰って仕事をし、二十年経っていま、それぞれに休暇を得てパリにきた。夢にも思わなかった偶然の一致である。キムからのはがきに、パリでの最初のランデ・ヴーとして、このシンポジウムの会場が指定されていたのである。わたくしは着いたばかりで、ホテル住まいをしていた。妻は勿論、キムをよく識っているし、一緒に来た次女も、歩き始めの幼いころに、キムの膝に抱かれたものだったが、この日はわたくし独りで親友に会いにきた。そして、その日から昔と同じ付き合いが始まった、七ヵ月間の。

*

ムッシュー・キム、キム・チスーと初めて出会ったときのことは、覚えている。しかし、それは出会いとも言えない。そしてその記憶も、再構成されたものかもしれない。一枚のスナップ・ショットのような記憶像の片隅に、無愛想なチスーの横顔と、温厚で年長の、同名のもう一人のムッシュー・キムの微笑みとが写っている。それはボルドーの市内から、郊外の大学のキャンパスを結んでいるバスのなかでのことだった。

それは、初めて経験する異国のなかで、一人の知り合いもないまま、虚空に投げ出されたような数日の間のことだったに相違ない。日本からの留学生の多くは、エール・フランスの指定された便で揃って出発していた。この便に乗ったかれらの飛行機代は、フランス政府が負担した。国立大学の助手だったわたくしの場合、渡航旅費は日本政府が負担するという事情で、一週間ほど遅れてフランスに着いた。パリからボルドーの学生寮までは、一人旅である。地理も言葉もよく分からないまま、珍道中をくりひろげて、なんとか寮にたどり着いたのは、確か土曜日の夕刻だった。事務員がいて、部屋のキーを貰えたのは幸運だった、と言うほかはない。しかし、留学生を担当する役所が開くまで、学生食堂を利用することはできない。チケットが買えないからだ。陸の孤島のような郊外の学生寮からは、スーパー・マーケットに行くにも二キロほどの道のりだ。しかも、この夏は猛暑の夏だった。着いて一月の間に十キロも痩せたという事実が、わたくしにとって適応がどれほど難しかったかを物語っている。その何をすることもできない空白のような二日間、日本人がいるということは分かっていたが、どこにいるのかは分からない。そこで、バスのなかで出会った韓国人たちを、日本人と思って話しかけたのだと思う。かれらは四人組で、女性二人は若く、男性二人はより歳をとっていた。わたくしは近くにいた女性に話しかけ、かれらが日本人ではない、ということに驚いた記憶がある。男二人があまり話さないのは、内気なせいであろうと解釈した。

間もなく、生活は軌道に乗り、チスーとも同級生になった。風邪で高熱を出して寝込んだときには、かれの親身な見舞いを受けた。そして、夏が終わると、われわれは同じエックス・アン・プロヴァンスの大学で学ぶことになっていた。ボルドーの仲間でエックスへ行ったのは、他には、現在東京外国語大学で教えている言語学者の敦賀陽一郎君がいただけだ。エックスに移ってから、必然的に、三人のつきあいは密になった。チスーには、そこに同国の友人がおり、そのかれを通して知己の輪が広がった。そして、大学の食堂に近いこともあって、かれの部屋がたまり場になった。随分時間を邪魔されたに相違ない。かれは、どうしても学位を取る必要があった。時間は非常に貴重だった。それでも、かれがこの日常的な雑音にいやな顔をしたことは一度もない。その泰然とした態度には、風格があった。

「フランスへ来るまで、自分は日本人が大嫌いだった」ということは、チスー自身の口から聞いた。理由は言うまでもない。だが、理不尽なことに、逆の感情も存在している。母は、わたくしの手紙から知ったこの交友を心配し、「朝鮮人には注意しなさい」と言ってきた。これが、われわれが抱えていた負の遺産である。チスーの「大嫌い」には客観的な根拠があり、それがどうして氷解したのか、氷解しえたのか、聞いたことはない。ボルドーのバスのなかでのかれの無愛想な横顔は、日本人に対する嫌悪感だったのだ。その後のわたくしへの個人的な気持については、敦賀君に語ったところを、その敦賀君が教えてくれた。それは公に語るのは憚られるし、かれの評言が正しいかどうかも分からない。しかし、負の遺産を乗り越えたことは、幸福なことだった。

そもそも、ムッシュー・キムには国際的な意識があったのだと思う。「大嫌い」という感情と同時に、その大嫌いな日本人とも付き合っていかなくてはならない、と思っていたのだろう。かれの国際的意識を知る機会があった。エックスの大学寮には、一団の中国人留学生がいた。人民服ではないが、皆同じスーツを着て、いつも集団で行動していた。文化大革命は既に始まっており、『パリの紅衛兵』という映画が評判になっていた頃だ。或る日、キムはそのなかの一人と接触し、わたくしに一緒に会いに行こう、と言ってきた。わたくしは億劫だったが、かれには重要なことだった。冷戦時代で、社会党のミッテランが大統領になると、北朝鮮が承認されて、自分たちは国に帰されるのではないか、と韓国人たちは本気で心配していた。そのような状況にあっても、チスーは中国との交流を強く望んでいた。分断国家の知識人として、かれは遠くを見ていた。わたくしは何の自覚も期待ももたずに、かれにつきあうことにした。われわれが訪ねると、その中国人は、やがて、とうとうと孔子批判を展開した。それは新鮮だった。孔子という古典を、超時代的に理解するのでなく、その時代と相関的に捉えて、思想の射程の限界を問題にするという見方に感心した。また、この留学生がドグマに囚われない柔軟な考え方をしていると思い、それにも意外でかつ快い印象を受けた。ところが、そのほんの数日後のことである、中国当局が孔子批判を公にしはじめたのは。いま考えても、暗い気持になる。あの留学生は、どのような気持で、お仕着せの思想を語っていたのか。そして、異国にいる若者の思想をコントロールする、どのようなネットワークが張り巡らされていたのか。われわれが、二度とかれの部屋を訪ねなかったことは、言うまでもない。

＊

ムッシュー・キムは、現代フランス文学の研究者であると同時に、文藝批評家である。韓国の文学への関心が高まり、それとともに世界各地へ講演に招かれることが多いらしい。この夏にもかれは、ベルリンでのシンポジウムに招かれてパリを留守にした。一方わたくしの方には家族がいて、独り暮らしの学生のときのようなわけにはいかない。それでも、日常的な交友を重ね、やがて秋になった。予定の滞在期間を終えたチスーは、ソウルに帰っていった。二人で何をしなければならない、という計画があったわけではない。だから、一緒にパリにいたのが七ヶ月であろうと、十ヶ月であろうと、満足も不満足も同じことだったろう。しかし、かれのいなくなったパリは淋しくなった。かれは都心のデパートの裏に住んでいたが、かれを見送ったあとは、その界隈では特に孤独感を覚えた。

こんな日々が戻ってくることは、あるだろうか。そもそも、あれから二十年経った今年、二人でともにパリの空気を吸うことができるなどとは、夢にも思わなかった。だから、三度目がないと決まったものでもない、いつの日か。

秋に――

18　夜の想像力

今夜もまた、ルートヴィッヒは寝つかれない。寝床に横になったまま、息をつめ壁の絵に見入っていた。その押し殺した息でさえも、部屋の空気をかすかに動かして、灯明のほかげが揺らめいた。すると、絵のなかの人物たちも生きているように動きを見せた。魔女アルミーダは妖艶さを増し、その魔力に捉えられた勇士リナルドの面差しにも恍惚の表情が浮かぶかと見えた。アルミーダは恋しい男に口づけするのか。それとも、この恋しくて手強い敵、手強いがゆえに一層恋しいこの男の胸に、剣をつきたてるのだろうか。情念と理性のドラマが夜になるたびによみがえってくる。どう見ても、壁面に浮かび上がるその世界は生きて呼吸している。この弱い灯明の光が届くその向こうからは、漆黒の闇が押しつぶすように迫っていることを、ルートヴィッヒは勿論よく知っていた。しかし、この微光の支配している空間のなかには、かれのよく知る身近な世界があった。それは、もちろん、遠いロマンの世界である。首都ミュンヘンの政治の現実を生きている人びとは、他愛のないおとぎ話と一笑に付するだろう。しかし、独りルートヴィッヒは、自らがアルミーダでありリナルドであった。遙か東方にくりひろげられた十字軍の物語が絵空事であるなどというばかげた考えは、ルートヴィッヒには無縁だった。眠られぬ夜々に、目を開けて見さえすれば、そこにありありと、またいきいきとした光景が繰り広げられ、かれは文字通りそのとりこになっていた。

この城のなかで、かれは夢とうつつの境目に生きていた。或る部屋には、ルートヴィッヒの祖先たちの、つまり今バイエルンを統治しているヴィッテルスバッハ家の歴史が描かれていた。そして、自分と血のつながった絵のなかの先祖たちは、カール大帝やルターのような歴史上の偉人たち、歴史と神話の霧の彼方にいる中世の宮廷恋愛詩人《ミンネゼンガー》たち、アルミーダのような物語のなかの人物、そして更にはローエングリンのような神話上の人物たちと同じ世界のなかにいた。かれらもまた、別の部屋の壁を飾る絵のなかで、同じように生きていたからである。

ホーエンシュヴァンガウ城

特に中世の詩人たちやローエングリンと、ルートヴィッヒはこの城の土地の守護霊（ラテン語で genius loci という）を介して結ばれていた。ここ、ホーエンシュヴァンガウの城は、十二世紀に建造され、始めは宮廷恋愛詩人である騎士たちが城の主であり、また城は歌会の舞台であった。十六世紀に捨てられて廃墟となっていたこの城を、ルートヴィッヒの父マクシミリアン二世が一八三〇年代に買い取って再建したのだ。またその地名は「高地シュヴァンガウ」ということであり、さらにシュヴァンガウとは「白鳥村」のような意味である。現に、城の西に広がるアルプゼーの湖には、白鳥が泳いでいる。いつか、白鳥の騎士ローエングリンが自分の目の前にも現れるという思いは、ルートヴィッヒの心のなかでは、春の次には夏が来て、秋になれば間もなく銀世界の冬になる、という四季の巡りと同じく、未来のことではあっても事実を表すことだった。眠られぬ夜のたびに、燭台の光のなかで、かれはローエングリンや他の英雄たちと、同じときを過ごし、かれらのことをよく識っていたのだから……。

＊

ホーエンシュヴァンガウの城は、ロマンチック街道の南端、フュッセンの町から少し山中に入ったところにある。その居室を巡り、壁の絵を見つめ、往時に思いを馳せつつ、わたくしは「けだし近代の都会人はほんとうの夜と云うものを知らない」という谷崎潤一郎（「恋愛及び色情」『陰翳礼讃』所収）の言葉を思い起こしていた。

谷崎は北京の夜を経験して、その極度の暗さのなかに、幼時の東京の町の夜の暗さを想起している。その頃、明治中頃の東京は、維新のときに半分以下に激減した人口を回復できないままの、寂れた都だった。とは言え、その夜の深さは都会のものとは思えない。「私は茅場町の自分の家から蛎殼町の親戚の家まで、鎧橋を渡ってほんの五六丁（五六百メートル）の距離を、しばしば弟と一緒に息せき切って夢中で走って行ったことを記憶している」。――子供の頃、千葉の山奥の農村に疎開していたわたくしにも、この「全く漆のような闇で、螢ほどの灯も見えない」という夜の記憶がある。ほの赤い裸電球の明かりが、庭先に鴨居の影を映し出すと、その向こうは全くの虚無の世界だ。今われわれの識っている夜の闇には、無数の光の粒子が飛び交っていて、その闇の黒さを薄めている。ところが、一家に一つの裸電球の光量では、厚く重たい夜の帳を突き破ってゆく力はない。昼の陽光の下にあった小径も草むらも野菜畑も、まるでそれが夢であったかのように、いくら目を凝らして見ても、その存在を思わせるかすかな徴さえ残していなかった。家は夜という大海のなかの小さな孤島であり、そこでひとは膝を寄せあい息をつめて、救いの太陽の再来を待っていた。

ホーエンシュヴァンガウの寝室の外にも、この「凄まじ」い夜を、思い描いてみなければならない。この城自体が陸の孤島で、周りに聚落はない。夜、城の外を照らすのはただ星と月があるばかりだ。高みにあるため、木立に視界が遮られるということもない。月の明るい夜には、湖水は銀に光り、濃紺の空に山の稜線が浮き上がって見えたことだろう。しかし、一見ロマンチックなこの光景をロマンチックと思えるためには、夜の恐怖を克服していなければならない。それは決して容易なことではなかったに違いない。灯明に守られた寝室の扉を開ければ、そこには闇が迫っていた。その蠟燭《ろうそく》の明かりも、闇のなかに自分の居る場所をかろうじて穿つだけのものに過ぎない。ものかげには何も見えない闇があったし、万一にもその蠟燭の明かりが消えるようなことがあれば、たちまちに自分の一身が漆黒の闇の海に飲み込まれてしまう……。

ホーエンシュヴァンガウ城　タッソーの間

月夜なら、あるいは戸外の方が安心だったかも知れない、そんな闇がそこにはあった。

寝室の壁の絵は、闇の恐怖を払うよすがだった。周囲の夜が深ければ深いだけ、恐怖が強ければ強いだけ、それだけルートヴィッヒは絵のなか想像の世界のなかに、強く深く入り込んでいったに相違ない。蠟燭の明かりは、絵に生命を吹き込んで、現実と空想の境界を消し去る魔力をふるったに相違ない。

＊

わたくしがルートヴィッヒ二世の存在を初めて知ったのは、大学生の頃、ゼミのテクストのなかでのことだった。音楽や演劇のような藝術は多くのひとと一緒に鑑賞すべきものである。客席のまばらな演奏会や上演は、それだけで体験の充実を損なう。だから、ルートヴィッヒのように、自分一人のための演奏会を開かせるという所行は、狂気の印と見なされる。このような内容だった。観客として、また聴衆の一人として、満員のホールが望ましいことは、経験に照らしてすぐに納得した。しかし、一人だけの演奏会が狂気と言えるのかどうか、むしろ風変わりな贅沢と言うべきではないか、釈然としない気持は残ったが、この南ドイツの王様の名前は狂気と結びついて、わたくしの記憶のなかに刻み込まれた。それと同時に、この王様は世界史の表舞台の登場人物ではなく、ローカルな、従ってさして有名ではない存在に相違ない、という印象も記憶のなかに残された。

このようなわたくしの理解はやや間違っていたらしい。ルートヴィッヒが少なくとも文化史的には相当有名な存在で、それをわたくしが知らなかったのか、または、その後かれがよく知られるようになってきたのか、おそらくはいずれもが正しいのだろう。その後かれを有名にする上で最も大きな影響を及ぼしたのは、間違いなくヴィスコンティの大作映画『ルートヴィッヒ』である。この映画に描かれたかれは、決して精神病者ではない。徹底して非政治的な人間が国王であるという、悲劇的な逆説の状況がそこに活写されている。ヴィスコンティは、ルートヴィッヒの人間嫌いと言ってもよいような内向性や、その同性愛の起源もしくは誘因を、若年の折の失恋に置いているように見える。

しかし、ホーエンシュヴァンガウの城の居室を見て回ると、別の解答を出したい気持に誘われてくる。夜の深い闇に育まれた受動的な想像力の習慣である。のちに国王として即位すると真先にウァーグナーをミュンヘンに招き、経済的な苦境にあったこの『ローエングリン』の作曲者に篤い援助を与えて、創作へと専念できる素地を作ってやった。『トリスタンとイゾルデ』と『ニュルンベルクのマイスタージンガー』はミュンヘンで初演された。『ニーベルングの指輪』を巡って深くまた屈折した友情の経緯の果てに、バイロイトの祝祭劇場の建築を支援したのもルートヴィッヒだった。何がかれをそれほどにウァーグナーに傾倒させたのであろうか。これについて、わたくしの恩師の一人渡辺護先生は、その名著『リヒャルト・ワーグナー　激動の生涯』のなかで、未来の国王が十二歳にして既にウァーグナーの革新的な藝術論を読み、共感を寄せていたこと、そしてホーエンシュヴァンガウの城の白鳥の騎士の絵が影響を与えて、『ローエングリン』の作者への関心をかき立てたことを挙げておられる。たしかにローエングリンやタンホイザーは、この城の世界そのものだった。そして、夜の想像力は、かれの心性を政治家よりも藝術家的なものに鍛え上げていた。若きバイエルン国王が、理想を現実化しようとする創造意欲を持っていたことは間違いない。しかし、百科事典の客観的な歴史記述によって伝えられているものによる限り、かれの創造意欲は、ヴァーグナーへの支援といくつかの城の建設に費やされた。ヴァーグナーの舞台もかれが建設した城も、ともに幼年期と少年期を通して、かれ自らがホーエンシュヴァンガウの城のなかで夢見た夢を、国王の力によって現実化するものに他ならなかった。

オペラの舞台は一夜の余興にすぎず、現実の外のことではないか、という当然の反論があるだろう。しかし、はたして本当にそうだろうか。ルートヴィッヒが建てた城としては、ホーエンシュヴァンガウと指呼の間にあるノイシュヴァンシュタインが有名だが、もう一つ、リンダーホーフ城も忘れがたい。この城の裏の洞窟には小さな池があり、そこにはローエングリンの白鳥の舟が浮かべられている。これは一夜で消えることのない、本物の舟である。しかし、ヴァーグナーの舞台とこの舟のいずれが本物らしいかと言えば、答えは歴然としている。洞窟のなかの小舟は、見る者が相当に想像力の努力を払わない限り、生きて動くことはない。しかし、ヴァーグナーの舞台は、そこに確かに伝説上の英雄が蘇

ローエングリンの小舟（リンダーホーフ）

り、そのドラマを生きている。ミュンヘンの宮廷劇場でこれを上演させることは、幼い日々の夜に、揺らめく灯明に浮かびあがる絵のなかに見た夢想の世界を、自らの力で現実化するという、国王の力と生のあかしだったに相違ない。何故かは知らないが、かれは幼いころから夢見続けた『ローエングリン』を舞台の上に見ることはなかったらしい。しかし、メセナとしてのかれはそれ以上の仕事をした。夜の闇の鍛えた想像力は、当人を不幸な国王とし、文化史のなかにユニークな一頁を残した。

19 オンディーヌの声を聴く

アテネ座は、パリの旧オペラ座の西側、マドレーヌ寺院との間の一隅にある。由緒ある劇場だが、わたくしはかつて訪れたことがなかった。それどころか、この一帯には足を踏み入れたこともなかった。当然、番地と地図を頼りに探すことになる。地図を頭にたたき込んだつもりで出掛けたが、道に迷ってしまった。その一角を歩きまわり、ひとにも尋ねたが、分からない。辺りの住人とおぼしきひとにきいてさえ、番地も駄目、アテネ座の名前も知らない、という始末。途方に暮れ、頭に血が昇って、パニック寸前になった。もう時間がない。欧米では、開演時間を過ぎると、一幕の終わりまでは客席に入れてもらえない。困り果て、焦りつつ、当てのないまま先に進むと、ひょっこりアテネ座の前に出た。外見は普通のアパートと変わらない。

こんなことは、パリではよくある話。有名な劇場だから、いざとなればひとに聞けばいい、と思ったのが、そもそもの間違いだ。有名とは言っても、アテネ座はオペラ座でもなければ、コメディ・フランセーズでもない。若いころ書物から得たわたくしの知識が、相当に偏ったものだったのかもしれない。それにアテネ座が脚光を浴びていた時代は、既に半世紀も前のことだ。それが今でも有名だと思っていたのは、単なるわたくしの思い込みだったのかもしれない。文化的なイメージにつきまとうタイム・ラグである。しかし、有名である、というのは一体だれが決めるのだろうか……。

そのアテネ座で、ジロドゥの『オンディーヌ』の舞台を観た。これは、わたくしにとっては、ちょっとした事件である。と言っても、なるほどと思ってくれる読者は、ごくごく少数に相違ない。多少の説明が要るだろう。——この戯曲は、往年の名優で名演出家だったルイ・ジュヴェの手で、このアテネ座で初演された。一九三五年五月のことである。この劇場はジュヴェの劇場であり、ジュヴェの劇場ということは、ジロドゥの劇場ということだ。劇作家ジロドゥは、演出家ジュヴェの慫慂で誕生し、その名作の殆どは二人のコンビで世に送り出されたのだから。そして、ジロドゥの戯曲は、青春時代のわたくしにとって、導きの星のようなものだった。加藤道夫と創立期の劇団四季の手で紹介され、戯曲全集も出版されて（白水社）、その頃西洋演劇に関心をもった人ならば、誰でもかれの戯曲の一篇や二篇は知っていたはずだ。もっとも、政治派の演劇青年たちは、同じフランス演劇でもサルトルに傾倒し、ジロドゥを毛嫌いしていたかもしれない。なにしろジロドゥは、教祖サルトルによって「先天性痴呆症」呼ばわりされていたのだから。だが、わたくしは断然ジロドゥ派で、その詩的で透明な世界にとことん魅了された。それは、このような作品を生み出した西洋というものを学びたいと思わせる、そんな魅力の源泉だった。かれの戯曲をひもとかなくなって久しいが、そんな今でも、その魅力は色あせていない。先日も、「あなたの好きな藝術は？」というアンケートを受けて、「演劇ならば断然ジロドゥ」と答えたほどだ。

それほどのジロドゥであってみれば、何度もパリに行きながら、一度としてアテネ座を探してみようと思わなかったのは、今にして思えば不思議だが、生来、強い巡礼趣味があるわけではない。そんなわたくしでも、アテネ座へ『オンディーヌ』を観に行くとなれば、青春の影を背負い、やや感傷的な気分にならざるをえない。

『オンディーヌ』を初めて読んだのは、大学一年のときだった。好きなジロドゥのなかでも大好きな作品で、文句なしの傑作だと思う。すみずみまで暗記しているわけでもなければ、繰り返し読んできたわけでもない。それでも、そこに何がこめられているかを知っているし、その書物をひもとき、その舞台に接するなら、必ず新しい発見がある、ということを知っている。そして、読むたびに、「やはりこれは一番好きな戯曲だ」という発作的な感慨に打たれることも、分かっている。それはこんな物語だ。

――ドイツの深い森のなか。湖水のほとりに漁を営む老夫婦が住んでいる。二人には、若い娘がいる。オンディーヌ。オンディーヌとは「水のむすめ」「水の精」という意味の名で、夫婦の実の子ではない。雨にも濡れず、家の扉のかんぬきを外から開けることのできる、不思議な女の子だ。そこへ、遍歴の騎士ハンスがやってくる。城に帰ると王女ベルタとの婚礼が待っている、そんな幸福への道すがら、かれはオンディーヌと出会い、二人はすぐに恋におちる。ハンスはもはやベルタのことなど眼中にない。オンディーヌを城に連れ帰り、結婚する。しかし、オンディーヌは水の精、水の世界の掟では、人間との恋は禁じられている。敢えて人間に恋するとき、水界の王との間で「契約」が結ばれる。男が心変わりをするとき、かれは命を失い、オンディーヌは記憶を失う、それでも異存はない、という契約だ。勿論、ハンスはこのような契約のあることを知らない。

オンディーヌと結ばれたハンスは、幸福の絶頂のなかで城に帰る。しかし、城の「現実」のなかでは、さまざまな不都合に遭遇せざるをえない。オンディーヌの無邪気は、ことごとに、世のしきたりと衝突する。可愛い新妻が、「社会人」ハンスには重荷になりはじめる。そして、ベルタとの結びつきを惜しむ気持が芽生えてくる。そのことを察知したオンディーヌは、契約からハンスの命を守ろうとして、自分がハンスを裏切ったのだと見せることに必死になる。宮廷の詩人をだしにして、恋の逃避行を見せかける。そこで彼女は、二重の訴えを受けることになる。一つは、水の精が自分を裏切ったとするハンスから異端審問所へ出された訴えであり、もう一つはもちろん、水界の王の裁きである。真に恐ろしいのは後者である。ことは愛するひとの生命にかかわる。だが、どれほど演戯をしても水界の王の追求を逃れられなくなったとき、二人の命運は決まった。刻々と消えてゆく命を惜しんで、二人は語り合う、初めてあったときと同じように。オンディーヌは告白する、わたしは記憶がなくなるだろう。でも、ラインの水底で、わたしの身体は二人で過ごした生活の動作を繰り返すことだろう、わたしは階段を降りたり、本の頁をめくったり、窓を開けたりするだろう……。二回目の「オンディーヌ」と呼ぶ声が聞こえる。三度目の声が最期のときだ。二回目の呼び声にオンディーヌは混乱し、ハンスは倒れて死ぬ。オンディーヌは助けを呼ぶが、そこで三回目の呼び声が響き、彼女は記憶を失う。仲間の水の精たちに手を引かれて水の世界に戻るとき、オンディーヌは倒れている「美しい」ハンスに目をとめる。死んでいると聞かされて、彼女は言う、

「惜しいこと。きっと好きになったことでしょうに」。――

『オンディーヌ』は、形而上学的メルヘンである。普通メルヘンとは、自然の不思議のつくり出す効果である。何万年も生きている人物がいたり、白鳥が人間に変身したり、一瞬のうちに城が出来たり消えたりする。ここにもそれはある。オンディーヌには、人間のできないことをする力がある。雨にも濡れず、扉のかんぬきを外から開けることができる。しかし、こんな超自然の力は子供だましで他愛ないものだし、そもそも物語の背景にすぎない。『オンディーヌ』のなかで本当にメルヘン的なもの、つまり「この世ならぬもの」は、その愛情の純粋さである。オンディーヌの感情は極めて人間的である。しかし、本物の人間であるわれわれの感情は、現実のしがらみと妥協し、肉体の慣性のなかで薄れてゆく。オンディーヌの愛情は、人間的なものでありながら、人間の感情につきもののこの変化、すなわち内からの変質も外から強いられる変貌も知らない。この戯曲のなかでは、精神と肉体が、永遠と今のこの刹那とが透明に交錯する。

＊

さて、アテネ座に入ると、そこは例えばオペラ座を二まわりか三まわり小さくしたような、典型的に十九世紀的な劇場である。この劇場のブルジョワ的なたたずまいは、わたくしの懐いてきたジロドゥのイメージにそぐわない。廊下に飾られたジュヴェの劇団の舞台写真や舞台装置のスケッチは、どれも、かつて本のなかで見て馴染みのものだ。現実のアテネ座のなかではそれだけが、わたくしの記憶のなか、知識のなかにあるジュヴェのジロドゥとつながっている。

好きな戯曲でありながら、舞台にのった『オンディーヌ』を観るのは、実は二度目である。二十年前、留学していたときに、コメディ・フランセーズでの上演を、わたくしは見逃している。前売りを買い、その日に合わせて、七百キロ南の田舎から、家族とともにパリ見物に上京した。その当日、幼い子供を連れていたわれわれは、なかに入れてもらえなかった。無知ゆえの非常識であったことは間違いない。しかし、わたくしは茫然とした。妻は「パパだけ観ていらっしゃい」と言ってくれたが、そんなことはできなかった。だから、今回初めて、フランス語の『オンディーヌ』を観たことになる。ちなみに一度目は、加賀まりこ主演、浅利慶太演出による劇団四季の舞台だった。当時、加賀まりこは妖精の雰囲気のある稀な女優だった。しかしこの上演は、何かが違う、全く違う、という焦燥感だけをわたくしのなかに残した。その主たる原因は分かっていた。フランス語での『オンディーヌ』によってそれを確かめたい、という気持もあった。そして、フランソワ・ランシヤック演出、ステファニー・シュヴァルツブロート主演のこの上演を、わたくしは堪能し、積年の渇をいやした。わたくしはついにオンディーヌの肉声を聴いたのだ。

日本語をしゃべるオンディーヌは、殆ど矛盾概念のようにさえ思われる。それは、日本語がフランス語ほど洒落ていない、ということではないし、「詩は翻訳できない」という理由によるのでもない。一言で言えば、人間関係の違いということになろうか。日本語では、自分をわたしと言うか、俺、あたい、あっし……と言うか、また相手をあなたと呼ぶのか、お前、君、あんた……と呼ぶかによって、二人の関係はきまってしまう。その関係は代名詞だけでなく、語尾の違いにも

アテネ座の舞台から

現れてくる。日本語は、一言ごとに、会話者たちが互いの人間関係を確認しあう言葉である。しかも、当然のことながら、この人間関係は極めて日本的なものだ。オンディーヌにはそんな言葉はしゃべれない。彼女の愛情は、このような人間関係の上に乗っているものではない。

オンディーヌを演じたステファニー・シュヴァルツブロートは、名前からしてドイツ系の金髪の小柄な女優で、格別美人というわけでもなければ、特に妖精風というわけでもないが、はまり役と思われた。そのせりふ回しを聞き、所作を見ていて、オンディーヌはパリジェンヌだったのだ、ということに気付いた。彼女のオンディーヌは、劇場を出ると、その辺りに幾らでもいるような、パリの普通の女の子である。日本の人間関係に較べるとずっと乾いているが、愛情はやはりこまやかで熱い、そんな若い女性の一人だ。そして、客席の特に女性たちがよく笑う。その反応をみていると、舞台が閉じられているのではなく、作者が観客にむかって絶えず冗談を投げかけている、そのような闊達な関係が、そこに認められた。異文化の藝術作品を理解する上で最も大切で最も難しいのは、作者の設定したコミュニケーションのこのスタンスを捉えることである。それが分からなければ、小説を読み、芝居を観ても、それはあたかもコンピュータの合成言語を聞いているようなものだろう。

ステファニーは声に魅力があるが、それはわれわれが観念的に妖精の声と思うようなものではない。ややハスキーで鼻にかかったその声は、むしろ人間くさく、肉感的なところさえある。この声もオンディーヌの愛情そのもののように思われた。オンディーヌの愛情は、不可能をも求める点では人間を超えているが、思いそのものは極めて人間的なものなのである。恋人の騎士を呼ぶステファニーの発音は「ハンス」とも「アンス」ともつかない。その鼻にかかった声は、一年たった今も、わたくしの耳の奥底にありありと残っている。

20　ルドンと夢

学生のころ、モネの絵が大好きだった。その気持を引きずってフランスに留学したから、当然、マルモッタン美術館に行った。これはパリの住宅街のなかにある小さな私立の美術館で、「モネとその友人たち」を看板に掲げている。印象派の名前の由来となった有名な「印象・日の出」を始めとして、「サン・ラザール」や「雪の停車場」などとそこで再会して、満足した思い出がある。

ルドンには長い間、憧れの気持を持ち続けている。「ブリュンヒルデ」というリトグラフの複製を額に入れて、書斎の壁に掛けていたこともある。留学の当初、ボルドーでフランス語の研修を受けたのだが、なぜか、ルドンがこの町の生まれであることを知っていたらしい。――わたくしは藝術の研究をしているが、絵画の専門家ではないし、絵について専門的な調べ物などは殆どしたことがない。だから、一人の画家の生地を知っていたのは、わたくしとしては驚くべきことなのである。――ボルドーでは、勿論、美術館に行ってルドンとゴヤ（かれはボルドーで死んでいる）を探した。生まれた土地、死んだ場所に行けば、その作家の作品が沢山あるだろうと思うのは、おそらく短絡的な発想にすぎないのだろう。どちらも期待はずれだった。

九二年の秋、マルモッタン美術館でルドン展が開かれた。もちろん、家内と娘と連れ立って出掛けた。メトロの駅からの道が、やがて公園のなかを抜けると、その向こうの一角に美術館がある。

黄ばんだマロニエの葉が道いっぱいに散っている。マロニエは枝から伸びた茎に何枚もの大きな葉がつく。

今回訪れてみて、この場所についての記憶像が随分歪んでいることを発見した。わたくしの覚えているマルモッタン美術館は、広いバス通りに面したアパルトマンの建物の一部を占めている。なるほど、その前の通りをバスが通る。しかし、その道はごく短いもので、広いバス通りなどとは言えない。そこの窓越しにちらと見たバスの像が、記憶のなかでこの美術館と結びついて、実態を歪めたのに相違ない。また、この美術館の入っている建物は、共同住宅のビルではなく、パリには珍しい個人の邸宅のあとだ。美術館の名前であるマルモッタンは、かつての館の主で、前世紀に鉱山業で財を成した人物である。美術館はかれの個人コレクションからスタートしたものという。美しい中庭があるのだが、これはわたくしの記憶のなかには全くなかった。

＊

このルドン展は「イアン・ウッドナー・コレクション」の所蔵するルドンの全作品を展示するものだった。イアン・ウッドナーはアメリカの建築家で、また美術品のコレクターとしても著名だったという。油絵四一点、パステルと水彩画が二四点、デッサン五七点、版画が三八点で合計一六〇点。展覧会としてはほどよい点数で、これだけまとまってルドンを観ることができることに感激した。と言っても、右に記した「ブリュンヒルデ」の複製画は、かつて新宿の伊勢丹で開かれた相当に大きな展覧会で求めたものだった。その時には珍しくカタログを購入していたのでひもといてみると、展示作品の総数は二二三点で、マルモッタンでの作品数を上回っている。マルモッタンでわたくしが感激したのは、油絵の数が多かったことだ。ルドンの油絵は、あまり観る機会がない。伊勢丹では油絵は二一点しかなかった。(マルモッタンのカタログの展覧会史の記述のなかに、この伊勢丹の展覧会は記載されていない。展示作品の殆どが個人蔵のものだった故なのか。自分の過去が無視されたようで、少々寂しい気がする)。

点数のこともさりながら、マルモッタンでわたくしは、長らくひかれてきたこの画家の創作の秘密に触れた、と思った。そして、自分で見つけたその「鍵」が、かれの絵の魅力の核心を説明してくれるものとして、あるいは少なくとも、その世界への通行証になるものとして、ひそかな興奮を覚えた。このような啓示は、或るとき突然やってくる。だから、一度観た絵はもう見なくてよいとか、その曲はもう知っているから聴く必要はない、などと思うのは愚かなことなのである。二つのルドン展を隔てる八年の間に、わたくし自身、さまざまな経験を重ね学んだはずである。その小さな個人史が啓示を迎え入れる素地を厚くしてきたのであろう。この場合には、特に夢というものを考えたいと思い、折りにふれて思索を巡らしてきたことが、啓示の大きな誘因になった。ルドンの幻想的な絵を、ひとは簡単に夢を描いたものと思いなす。それがつまづきのもとなのだ。ルドンは夢を見たのではなく、手で考えた。それがマルモッタンでわたくしの得た啓示である。

わたくしが最初に注目したのは「骸骨」というデッサンである。茶色の用紙に木炭とチョークで画かれた、四五・七×二八・五センチメートルの作品だ。これはベルギーの文人であり弁護士だっ

ルドン『骸骨』

たエドモン・ピカールが、自作の一人芝居《モノドラマ》『陪審員』の出版に際して挿絵をルドンに依頼し、それを受けて試みられた習作の一点である。これを観たとき、いまここに記した解説めいた情報さえ持っていなかったのだが、直ちにわたくしは、《画家は骸骨から木を描いたのではなく、木から骸骨を描いたのだ》と直観した。その方が画家として自然な発想と思われた。わたくしには絵を画く趣味はない。だからこの直観も、そうした実践の経験に立つものではない。わたくしのなかにこの直観を支えた根拠があるとすれば、それは構想の、あるいは想像力の自覚的経験だけである。それはいまだ理論にもなりきっていない。「骸骨を枯れ枝に見立てることだって自然ではないか」という理屈を持ち出されると、それを言い負かせる自信はない。画面にあるのは単に「骸骨＝木の枝」という表現に過ぎない。画家が骸骨のなかに木の枝を見たのか、それとも木の枝のなかに骸骨を見たのかは、五分々々の理が認められよう。しかし、他の人びとを説得することができなくても、わたくし自身は完全に納得した。画家の発想の原点に身を置きさえすれば、誰もが納得するはずだ、とも思っている。ただ、自らの直観のあとを追いなおしてみると、その起点はどうやら、この骸骨が木とつながっている脚の部分の骨＝枝にあったらしい。この絵の周囲にあった他の画面もこの直観の背景になっていたし、ルドンが好んで木や森を描いていたことも傍証となろう。この画家は若い頃から、森やその中の木々に惹かれてい

ルドン『ペイルルバードの野の木立』

た。花や草の変形した絵を思い起こすなら、植物的な形に惹かれていた、と言うべきだろう。しかし、いま問題にしているのは、森と樹木である。「ビエーヴルの木立」「ペイルルバードの野の木立」「青空を背景にした木立」など。そこにはいまだ、際立って「幻想」的なところはない。むしろ、セザンヌ風の固い造形性さえみとめることができよう。しかし、そこに幻想の原点があることを、事実として確認しなくてはならない。それが幻想の原点であったということ、言いかえればこの写生と後年のイメージ豊かな傑作とがつながっていることを見逃しては、その幻想の性質を見誤ることになろう。木の形をあとづけながら、画家の想像力は、それを自由に変形し、変形の遊びを戯れていた。それはおそらく、手の想像力とでも呼ぶべき働きであって、木々の間にあって既に始まっていた想念の錯乱を、画家の手が、更に先へと導いていったのである。そこに生み出された形のなかに「幻想」を見ているのは、われわれである。かくして、木と木の枝から骸骨を連想することは、造形的に自然な展開である。ところが、骸骨から木へと移行することは、観念的もしくは頭脳的な変形である。わたくしがここで得た啓示は、ルドンが頭脳で想像したのではなく、木の枝を描いている手が、自然に動いて骸骨を生み出した、ということだ。かれの不思議な画面は、絵筆やチョークを動かしつつ、造形的な面白さを手探りしつつ、見つけだしたものである。

そのとき、背後で「夢のような」と語る解説の声が耳に入ってきた。美術館で声高にしゃべる声を、勿論わたくしも嫌いである。だから、先刻から耳障りに思っていた。それは、団体客に解説のサーヴィスをしているキュレーターだったのかもしれない。「夢のような」と言われては、聞き流せない。その声の方を見やると、女性だとばかり思っていた声の主が、実は男性であるのを発見して驚いた。このキュレーター（？）氏の説によれば、「ルドンのヴィジョンは全く夢のような性格のもので、その点でヒエロニムス・ボッシュよりもゴヤに近い」。ボッシュとゴヤの対比はわたくしの知識や理解を超えているが、ルドンには『ゴヤ讃』というリトグラフ集もあり、かれがゴヤに親近感を抱いていたことは間違いない。そして、『ゴヤ讃』のなかには、「骸骨」と通じる構想の画面が集められている。ところが、これを夢になぞらえることは、夢についての誤解に基づく謬説である。普通に「夢を見る」と言う。そこでわれわれは、夢とは一幅の絵巻のような、あるいは一篇の映画のようなイメージの展開であるかのように、思いなしている。しかし、これは誤りである。夢はイメージではない。あるいは、より慎重な言い方をするならば、夢においてイメージは、付随的な現象にすぎない。その本体は自然な脈絡《シンタックス》を喪って浮遊する観念である。観念がイメージをリードするのだ。観念からイメージへと向かう夢のプロセスは、手さぐりの造形から解釈する知性へと手渡される画家の「幻想」とは、わたくしに言わせれば、正反対なのである。夢は手によって画家が捕まえることのできるようなものではない。だから、夢を描いたとされる絵の殆どが、例外なしに夢らしくないのである。なるほどゴヤには、夢に通じるものを見てとることができる。それは、シュールレアリズム以前の、唯一の例外かもしれない。ゴヤの黒の絵の幻想は、かれの頭脳が観たものだ。だから夢のような印象が生まれるのである。しかし、ルドンは違う。その絵の幻想は、イメージされたものではなく、基本的な素材あるいはモチーフを造形的に変形していって、その結果得られたものである、とわたくしは思っている。

＊

「骸骨」がその挿絵とされた『陪審員』という戯曲を、わたくしは読んでいない。しかし、八〇年のときのカタログを見てみると、何と、その挿絵リトグラフの七点が揃って出品されていた（そのときには、わたくしは殆ど感興を覚えなかったに相違ない、何の記憶も残っていない）。「骸骨」に相当する作品は、「入り組んだ枝のなかに蒼ざめた顔が現われた……」というせりふに対応するものとして、展示されていた。このことは、わたくしの直観の裏付けとなるように思われる。言葉が求めていたのは単なる「顔」であって、「骸骨」は「入り組んだ枝」のなかに、画家の手が捉えたものなのである。

この造形的な変形という特質は、ルドンの幻想的な構図の多くに認めることができる。繰り返し描かれたものとして、草花の花の部分が男の顔になっているという図がある。これも造形的に変形した結果である。群れ咲く花の、その花が蝶々に見える、というのも同様である。

造形的な面白さを求めて、現実を変形してゆく、というこの画き方のゆえに、ルドンはモダンな画家なのだ。十七世紀オランダの静物画と見まがうような花の絵でさえも、そこには不思議と新しさの印象がある。その秘密はここにある。しかも、それは構図の問題に止まらない。色彩についても同じことが言える。わたくしがルドンにひかれてきたのは、やはりその色彩である。彩色画家のとしてのかれの本領は、油絵よりもパステル画にあって、油絵さえもパステル風であるとき初めて深い効果を上げている。その色彩の選択も、造形的な手によって導かれたものであり、そのとき、現実離れした不思議な色彩の世界が生み出されることになった。「小舟のなかの恋人同士」や「神秘の小舟」の深い効果に感嘆を覚えて、わたくしは見飽きることがなかった。読者にその画面をお見せできないのは残念だが、有名な花の絵でもよい。画集の一頁を開いて御覧になれば、わたくしの得た啓示を理解していただけるものと思う。

21 めぐりくる朝

『めぐり逢う朝』というフランス映画(一九九一年)をご覧になっただろうか。日本でも九二年の春には公開されていたらしい。どのような評判だったのかは判らないが、制作されてすぐに日本で公開されるというのは、配給会社が力を入れていた証拠だろう。娯楽大作と呼ばれるような作品に較べればよほど地味な映画だが、一定の関心は呼んだと見て間違いあるまい。今回はこの映画について話したい。

わたくしは映画が好きな方ではない。それでも、この映画の評判は知っていた。パリには『パリスコープ』という情報誌がある。『ぴあ』のパリ版だが、こちらの方が先輩格だ(つまり、正確には『ぴあ』が『パリスコープ』の東京版なのである)。この雑誌は丁度真ん中の見開きの頁に「批評家たちのヒット・パレード」という欄があり、映画の採点表がのっている。十二の新聞雑誌の批評家が下した、星三つを最高点とする評価に従って、二十四本の新作を得点順に並べたものである。『めぐり逢う朝』はいつもその第一位にランクされていた。

なにしろ採点表だから、評価のより高い新作が現れないかぎり、トップの座は不動だ。いま当時の『パリスコ』を開いて見ると、十二人中十一人が星三つの満点を付けている。星二つを付けた例外は『ユマニテ』(フランス共産党の機関紙)の批評家だけである。この映画はトップを独走して、決められた期間が過ぎるとリストから消えた。

わたくしはこの映画に密かに関心をそそられてもいた。この映画の原題は、直訳すれば「世界のすべての朝」(Tous les matins du monde)という。その詩的な響きに、好奇心を刺戟されたのである。その頃わたくしは、この不思議な表題が日本で「めぐり逢う朝」と呼ばれていることを、知らなかった。(「めぐり逢う朝」を少しだけ修正してみたのが、このエッセイの表題である)。それどころか、そもそもこの映画が既に日本で公開されている、ということさえ知らずにいたし、帰国してからも、殆どの日本人はこの映画を見ていないもの、と思い込んでいた。この映画に関する情報はすべて、国立音楽大学の小林緑さんから借りたのだが、日本語のプログラムを見せられて、わたくしは軽いショックを受けたほどだった。しかし、パリでこの映画を観たのも、結局は彼女との偶然の「めぐり逢い」のたまもの、と言ってよい。

それは五月の始めのことだった。この年、四月の末から五月にかけてヨーロッパは初夏のような暑さだった。そんなある日の午後、パリの真ん中、ルーヴル美術館の裏を走るリヴォリ通りで小林さんと出くわしたのである。互いに相手を探るように、おそるおそる近づいて、互いが互いであることを確認し、奇遇に歓声をあげた。小林さんは、ご主人の出張に合わせ、ゴールデン・ウィークを利用してパリにいらした、ということだった。その短い立ち話のなかで、「絶対にご覧にならなければいけません。わたくしは三回も見ました」と勧められたのが、この映画だったのである。必見の理由も教えて下さった。それは、映画の主人公が、マラン・マレーという十七世紀のフランスの作曲家だからである。小林さんはルネッサンスを中心とするフランス音楽の専門家で、われわれの接点はフランスのバロック・オペラにある（小林さん御自身は「女性音楽史研究家」と呼んで下さい、とおっしゃる。もちろん、この種の肩書は当人の自由裁量の範囲に属することで、わたくしとしてもその自由を尊重するのにやぶさかではない。ただ、困ったことに、この話の脈絡では、「女性音楽史研究家」とわたくしの間には接点はない）。バロック・オペラは、浮気性のわたくしが手を出している研究テーマの一つなのである。それは観なければなるまいと思ったが、実際に観たのは秋口のことで、画面には雨が降っていた。この映画は、たしかに心に残ったが、その心の半分は言わば猜疑心である。いまこの映画について語りたいと思うのも、その猜疑心のなせるわざなのだが、読者に先入観を与えないように、まずは物語を紹介しよう。

＊

マラン・マレーが主人公というのは少々不正確で、むしろ、かれとその師サント・コロンブの物語であり、厳密に言うならばサント・コロンブの音楽的人生についてマラン・マレーが語っているのである。サント・コロンブは、ヴィオールすなわちイタリア語でヴィオラ・ダ・ガンバというチェロの前身の弦楽器の名手として知られた音楽家で、ジャンセニストたちに共感を寄せていた。ジャンセニストとは、当時の宗教論争の渦中にあった一派で、神の力を絶対視し、人の無力と人事の空しさを認識した人びとである。かれらは、当然のことながら、世俗の交わりを避け、孤独な瞑想に生きようとした。

サント・コロンブの妻が、幼い娘二人を残して死んだところから、物語が始まる。黙ってその悲しみを耐えたかれは、パリ郊外の水辺の館に引き篭もり、庭に木の小屋を建てて音楽に打ち込みつつ、二人の娘を育てる。読み書きは家庭教師に委ね、自らは音楽を教えた。二人が長ずると、一家のヴィオール三重奏は大評判となり、貴族や富裕な市民たちが馬車を連ねて、この館を訪れた。しかし、王からの出仕の命を強く拒んでから、生活は以前にもまして孤独なものとなってゆく。その頃、青年マラン・マレーがかれの門をたたいた。教会の聖歌隊で歌っていたマレーは、声変わりとともに路上に放り出された。その屈辱感と靴屋という家業への嫌悪感をばねに、音楽家として宮廷で出世したいと熱望している。その言葉にも、またかれのヴィオールの演奏にも世俗の匂いを感じたサント・コロンブは、「君は音楽をやっているが音楽家ではない」と言って拒む。だが娘たちのとりなしと、マレーの作曲のなかにある閃きを認めて、レッスンを与えるようになる。しかし、やがて、マレーが王の御前で演奏したことを知って烈火の如く怒ったサント・コロンブは、そのヴィオールを叩き割ってマレーを追い出してしまう。追いすがってマレーを引き止めたのは、長女のマドレーヌだった。二人は愛し合い、マドレーヌは父の目を盗んで、その父から学んだことを教えた。マドレーヌがすべてを与えてしまうと、マレーはやがて妹のトワネットの誘惑に心を移し、ついに足は館から遠のいていった。そして結婚し、宮廷音楽家として、栄光への道を昇りつめてゆく。その間、サント・コロンブは小屋のなか、教会のなかで、奏でる音楽の音につれて、亡き妻の訪ないを受けるようになっていた。そして、妻が最初に姿を現した折の場面を友人の画家ボージャンに画かせた絵を、慰めとした。テーブルの上に置かれた葡萄酒の杯と銀の盆に並べられたゴーフレットが画かれているだけの、簡素な静物画である（注——この絵は実はルーヴル所蔵の実在の名品である）。トワネットは楽器職人に嫁ぎ、マドレーヌだけが父のもとに残された。身ごもったマレーの子は死産だったが、さらに天然痘を患ってやせ衰えてゆく。彼女はかつてマレーが作曲してくれた『夢みるおんな』を聴きたいと願った。呼ばれてやってきた、いまや大家のマレーは、懐かしいマドレーヌのヴィオールで懐かしい曲を演奏して帰った。かれが帰ると、マドレーヌは首を吊って自ら命を絶つ。「世にめぐり来る朝はすべて二度とかえらない」。老いの孤独のなかで、サント・コロンブはもはや、楽器に手をふれることさえ稀になった。一方マレーも、師の音楽を思い、自分の知らない師の曲の朽ちることを惜しむ気持が強まっていった。意を決したかれは、夜になると宮殿を抜け出し、夜道に馬を駆って師の小屋に通っては聴き耳をたてた。通って二十三度目の夜、師はマレーにも聴き覚えのある曲の一節を奏でると、音楽を語り合うべきひとのいない孤独を嘆いてため息をもらした。同じくため息をもらしたマレーは、戸口をたたいて教えを乞う。そして、音楽の極意を諭し、あのマドレーヌのヴィオールを持たせて対座したかれに、サント・コロンブは秘曲を伝える。

*

この映画を観たときの最も強い印象は、映像と音楽の美しさを除けば、「音楽」をめぐる師弟のやりとりが禅問答のようだということ、何を言っても否と言い続けるサント・コロンブには、始めから答などなく、その「音楽」は空虚なのではないか、ということだった。更に、小屋の扉を叩き、誰だと中から問われてマレーが、「宮殿を抜け出し、音楽を求める者です」と答えるところなど、剣豪小説のようだ、とも思った。栄達をえた者が、その栄光にあきたらず、死者と交霊している隠者の教えを乞う、という場面である。

わたくしが特にこだわりをもち、小文をつづりたいと思ったのは、そこにメロドラマを認めたからである。メロドラマとは悲恋物語のことではない。筋は悲恋であることが多いかもしれない。しかしメロドラマの本領は、その悲恋を包む道徳論的な仕掛けにある。『金色夜叉』や『椿姫』がメロドラマであるのは、一方に純愛があり、他方に金や社会的名誉が置かれて、この両者が対立し、この戦いに純愛が敗れるからだし、さらに言えば、この二つの価値が理想と現実として常識のなかで誰もが承知しているからだ。同じくこの常識に従うならば、理想は美しく、現実とはなりえないがゆえに美しい。それは誰もが憧れて当然のものである。しかしそれはまた、現実を生きるわれわれが諦めざるをえない夢である。美しい夢であっても、それをあきらめるのが、われわれのさだめである。それをわれわれの現実感覚や分別（raisonつまり「理性」）は、クールに受けとめるであろう。だが、いっとき、夢の側に身を置くならば、涙なしにその諦めは成就すまい。この涙こそメロドラマの涙だ。理想と現実とを巡るこの常識を問い返すことなく、それを前提としてわれわれを泣かせる装置、それがメロドラマである。時代劇や西部劇のような見え透いたメロドラマを、わたくしは嫌いではない。しかし、この映画のように思想的な装いをこらした作品になると、ちょっと待ってくれ、という気持になる。

では、『めぐりくる朝』のどこがメロドラマなのか。先ず、マレーと師の二人の娘との関係のなかに、メロドラマの基本的な筋立てである恋愛が設定されている。マレーは、姉のマドレーヌからその愛と音楽とを吸い取ってしまうと、妹のトワネットの方に気を移すが、出世志向のかれは、姉妹のいずれとも結婚しない。それでも、肉感的なトワネットは嫁ぎ先を見つけて所帯をもつが、マドレーヌの方は純愛を貫いて死んでゆく。もう一つの純愛は、サント・コロンブとその亡き妻の間のものである。妻の死とともにかれは世を捨て、その愛に応えて、妻はかれのもとを訪れるようになり、心を通わせるときを重ねてゆく。純愛は死を代償としてしか成り立たない。それに対して、マラン・マレーは徹底して世俗の原理を代表している。かれは、師の音楽を裏切り、その最愛の娘の気持を踏みにじり、死に追いやってしまう。それにもかかわらず、恩讐を超えて師弟は最後に和解する、というところなど、泣かせるメロドラマの構図だ。しかし、問題はむしろドラマの核心をなす道具立ての部分である。宮廷と田園、生と死、オーケストラの合奏曲とヴィオール一本の独奏曲、楽譜に書かれる音楽と書かれない音楽、といった対立の構図が、西洋近代の常識的な価値観の変奏なのである。マレーの指揮する大オーケストラ曲は宮廷の華であり、楽譜に書かれなくては合奏することはできない。しかし、それが何であろう。真の「音楽」とは精神である。精神である音楽は、霊に聴かせるのが正しいのであって、楽譜は無用である。この精神主義は、紛れもなく西洋近代である。いま再吟味を迫られているこの価値観が、そのまま『めぐりくる朝』の基調をなしている。

評判の名作に俗臭をかぎつけて、わたくしは小鼻をぴくぴくいわせていた。しかし、そんな気持は、思わぬ肩すかしをくらうことになった。小林さんから借りた映画のプログラムを読むと、原作の小説を書いたパスカル・キニャールは、実際に禅問答の形を借りて、サント・コロンブとマレーの対話を書いた、というのである（因みにこの小説は、映画と同じタイトルで翻訳が早川書房から出ている。高橋啓の訳文も美しい）。それればかりか、監督のアラン・エルノーは、谷崎の『陰翳礼讃』の美学を学び、スタッフにもこの本を読ませたほか、溝口の映画を参考にして、この映画を撮った、という。西洋文明の行き詰まりのなかで、東洋的なものに学ぼうという動きが、強いとまでは言えないが確かに高まってきている。この映画の作者たちもその仲間だったわけだ。この事実を知ったときのわたくしの困惑は、どう言い表したらよいのだろう。西洋文明のメロドラマを捕らまえたと思ったら、自分もその共犯だった。こういう次第で、言わば拳を振り上げたまま、いまわたくしは、気持の落ち着き場所を探している。

冬に――

22　ショパンを踊る

「ショパンのワルツを踊るのであれば、その多くは伯爵夫人でなければならない」と言ったのは、シューマンだった。われわれ異文化の人間には分かりにくいが、ワルツはもともと宮廷舞踊ではなく、民俗的な踊りである。しかも、上流階級の社交の場に持ち込まれたときにも、男女が抱き合う形で踊る最初の舞踊だった。つまり、それは土とエロスの匂いのある踊りだった。シューマンの言葉を、文脈抜きに、その字面から判断して言うならば、次のようなことではないか。ショパンのワルツは、本来の土とエロスの匂いを完全に浄化してしまっていて、もはや踊るためのものではない。これを敢えて踊ろうとするならば、そのリズムに染みついた下品さを払拭することが必要だ、ということ。少なくともわたくしはそのように理解して、この言葉を記憶してきた。――それにしても、何故、伯爵夫人なのだろう。侯爵夫人や男爵夫人では、どうしていけないのだろうか。『裸足の伯爵夫人』という映画があったし、コンテッサ（イタリア語の伯爵夫人）という名の車もあった……。その故か、今ではわたくしはこのシューマンの言葉の「伯爵夫人」に、逆にソフィスティケートされたエロスを感じてしまう。或いは、シューマンもそういうつもりだったのかもしれない。

シューマンの弁にもかかわらず、しかもワルツのようにもともと舞曲であるものに限らず、ショパンのさまざまなピアノ曲をバレエにする試みは、いろいろあるらしい。わたくしの観たのは、九二年の末にパリのオペラ座の上演したジェローム・ロビンズ振付けによるものである。パリのオペラ座は、数年前、バスチーユに新しい大きな劇場を造り、オペラ部門をそちらに移し、普通に「パリのオペラ座」として知られている十九世紀の建物（これを造った建築家の名をとってガルニエ座と通称される）の方は、殆どバレエの専門劇場となった。いかにもオペラ座という雰囲気をもったガルニエ座の方でオペラを観られなくなったのは、わたくしのようなオペラ好きにはとても残念なことだ。しかしこの政策の背後には、バレエとダンスの人気の高まりがある。優れた藝術家が輩出するとともに、バレエやダンスを好む観客が増えているのは、パリだけの現象ではない。

一つの劇場を専有するようになって、オペラ座のバレエはレパートリーが広がった。J・ロビンズの作品もそのようにして取り上げられたものに相違ない。わたくしの世代にとって、ジェローム・ロビンズという名は何よりも『ウェストサイド物語』と結びついている。かれはこのミュージカルの台本を書き、振付けをして演出したし、映画でも共同監督をつとめている。ミュージカルの世界ではその他に、『王様と私』を振付け、『ピーター・パン』『ジプシー』『屋根の上のヴァイオリン弾き』などの振付と演出を担当している。またバレエの世界では、かれはニューヨーク・シティ・バレエ団を代表する振付け師の一人で、バレエ化したショパンもかれのヒット作である。このショパンを観て、或る思いがけないことを発見した。それを話したいと思う。すでに、前書きが長くなりすぎた。

＊

オペラ座におけるロビンズのショパンは、初演の年代順に『コンサート The Concert』(五六年)、『集いでのダンス Dances at a Gathering』(六九年)、『夜に In the Night』(七〇年)の三作で、これが逆の順序で上演された。音楽は基本的にピアノで演奏される。このうちで『集いでのダンス』は一番の大作で、男女五人ずつのダンサーが登場して、上演に約一時間かかる。ストーリーもなく、やや長すぎる感じがした。あとの二つにわたくしは本当に魅了された。三作に共通して言えるのは、ショパンの貴族趣味が都会のポエジーに変貌していた、ということだ。

まず『夜に』。タイトルから予想されるように、四曲のノクターンにのせ、星空をバックに三組のペアが踊る。それぞれのペアは別々の恋の形を描いている。プログラムの執筆者(JLB女史)はこれらを、「叙情的/若々しい愛情」「穏やか/成熟した調和的な恋」「情熱的/長続きしている結びつきの折々のあらし」として説明している。彼女は、これを同一のカップルの年代的な発展と見ようとしているが、それは無理で、むしろ三つのタイプだ。一曲ずつを踊ったあとで、四曲目では三組が揃って登場するからである。そこで男三人が正三角形の頂点の位置に立ち、互いに黙礼を交わす。これがとてもよい。バレエ的ではなく、演劇的なのである。バレエを見て、バレエ的でないところがよい、と言うのも奇妙だが、本当は少しも奇妙ではない。これが何故よいかと言えば、その動きが伝統的なバレエの常識を破って、意味(黙礼という)をもっているからである。その新しさにはこれ見よがしの押しつけがましさがなく、さり気なく示されたその自由な態度が、観客を喜ばせる。

それは、『集いでのダンス』にも見られる。冒頭のソロを踊るダンサーは、退場の間際に、「ああそうか」と何かに気付いたような仕種をする。このような所作が伝統的なバレエにないことは明らかだが、物語的な意味を切り捨てたモダン・ダンスにも、その表現の余地はない。ロビンズは独特な表現の次元を拓いたわけである。そして表現が独特であるということは、伝統や前衛に対する態度が独特だということであり、それによって、観客との独特な関係を創り出しているのである。

『コンサート』には物語がある。右に挙げたJLB女史は、その物語をおおよそ次のように記述している。――幕が上がると、そこはコンサート・ホール。ピアニストが登場し、大仰なお辞儀をする。大家然としている。鍵盤を拭き、霊感を求めるように遠くを見やる。演奏が始まる。次々と聴衆がやってきて、席につく。スカーフを巻いた眼鏡の男は、深い瞑想に耽る。二人のおしゃべり娘は、椅子をばたんといわせ、がさがさとハンドバックのなかを探る。つば広の帽子の下にロマンチックな性根を秘めた夢見る美女が、ピアノのわきに席をとる。ブルジョワの夫婦が登場する。夫の方は音楽よりも新聞の方に熱中しているように見える。更に内気な学生、音楽気違いの眼鏡の女。夢見る女は羽根が生えたように感じ、他の人びとをその情緒の境地に誘い込む。若い娘たちは、オペラ座の踊り子になった気でいる。夫は妻を殺すことを夢見る。そして軽騎兵のなりをして一人の美女を口説きにかかり、熱を入れすぎて蝶々になってしまう。夢は悪夢に変わる。コンサートの終わりでは、全員がとりとめのない思いから醒めて、現実に引き戻される。

この作品は他の二篇に較べて、上演回数が著しく少ない。このパリ公演が、『夜に』は六十回目、

『集いでのダンス』でも二十五回目であるのに対して、『コンサート』は十一回目にすぎない。しかし人気がないとは思えない。それはオーケストラの特殊な使い方によるのではないか。すなわち、ここでは最初と最後に少しだけオーケストラが演奏して、それが枠組みのようになっている。ピアノは「コンサート」という物語のなかの出来事だが、それに対して、このオーケストラは全体の生地をなしている、という趣向である。しかし、いかにも贅沢な使い方でお金がかかる。『コンサート』の上演回数について、更に別の理由をさがすとすれば、ダンサーの資質が関わるのではなかろうか。とにかく、この作品が上演されている間中、客席は笑いの渦だった。客席を笑わせるダンサー、コミカルなダンサーというのは、多分に矛盾概念のように思われる。笑わせることは、バレエやモダン・ダンスの踊り手に対して普通に要求される資質ではないだろう。

笑いが起こるということは、まずは、物語があるということである。物語とは、生きられた人生の形である。人生を含んでいないもの、例えば三角形を見て笑うことはできない。しかし、笑うことのできないのは、三角形のような無機的な対象に限らない。人に関わる現象のなかでも、笑いとは無縁のものがある。バレエがそうである。『白鳥の湖』を観て笑う、というようなことが考えられるだろうか。笑いをひき起こした『白鳥の湖』は、端的な失敗である。それは物語の性格によるのだ、と言われるかもしれない。では、『コッペリア』や『くるみ割り人形』でもよい。そこには確かに面白い動きはある。しかし、笑いは起こらない。つまり、こういうことだ。古典的なバレエには物語はある。しかしその物語には、生活に根ざした行為や感情がない。それが、舞踊という身体運動の造形的彫琢に呼応する、物語の要件だった。そして、生活と切り離されているがゆえに、バレエは笑いとは無縁なのである。

笑いだけではない。そもそも俳優とダンサーの身体は違う。俳優には肉体的な個性がある。猫背であったり、歩き方にくせがあったり、ただ立っているだけでひょうきんな感じがしたりする。それは全身の雰囲気のようなもので、かれあるいは彼女の存在感から切り離すことができない。形態模写のたねになる所以だ。ところがダンサーの場合、「バレリーナ」の形態模写はありうるが、特定のダンサーの形態模写など考えられない。かれの身体は肉体的な個性を消去するための訓練を重ね、そうして出来上がったものだからである。個々のダンサーにダンサーとしての個性はあっても、それは別次元のものであって、性格や生活と結びついた個性ではない。ところが、『コンサート』を踊るとき、オペラ座のダンサーたちは、その顔にも身体にも表情をたたえていた。そのことを指して、右に「演劇的」と言ったのである。物語をもつロマンチック・バレエには喜怒哀楽の表現がある。しかし、ダンサーたちはそれをポーズや姿勢によって表現するのであって、顔に表情はない。ロビンズのショパンでは、『夜に』の場合でさえも、顔には表情があり、その表情がダンサーたちの身体に生き身のなまなましさを取り戻してやっていた。ここにロビンズの天才的な個性がある。

＊

それは十二月二十九日のことだった。そのときは、この年一緒にパリで暮らしていた妻と次女のほかに、長女が休暇でやって来ていた。長女は、年の暮れ、最後の公演の際に、オペラ座では、ダンサー全員の出る顔見せのような行事があると知っていて、是非この日に観たいという希望だった。その顔見せは le Grand Défilé（「大行列」の意味）と言い、プログラムに写真が載っている。しかし、その夜、このグラン・デフィレはなかった。実は、この年の暮れ、ガルニエのロビンズと同時に、バスチーユの方で『白鳥の湖』を上演しており、そちらの方は大晦日まで公演があったのだ。

グラン・デフィレを観ることはできなかった。しかし、帰り道、われわれは四人とも幸福だった、曇ったような不夜城の空に、『夜に』のあの透明な夜空を映して。そして、耳の奥では、都会の詩情を歌うショパンが、いつまでも鳴っていた。

23　ピカソの変貌

冬のある日、家内と娘と連れ立って、マレー地区の散策に出掛けた。目当ては、ピカソ美術館である。

「パリの空の下」で触れたように、パリのなかでも古いこの地区は、フランス人にとっての「偉大な世紀」である十七世紀には、貴族たちの居住区だった。いまも古風な館がそこかしこに残り、パリっ子たちが好んで散策するトレンディな場所となっている。

わたくしどもが出掛けたのは、冬のパリには珍しく青空が広がり、吐く息は白い、そんな一日だった。お昼には、ユダヤ人街でファラフェルというユダヤのサンドイッチを買い、それで手を温めつつ、日向のベンチに座って食べた。ユダヤ人街があるということは、マレー地区の歴史の一面を物語っている。今世紀前半、そこはフランス人が好んで住まないような、さびれた貧しい街だったらしい。そのような街だからこそ、「異邦人」が住みついた。(国籍の上ではれっきとしたフランス人であっても、宗教の上でユダヤ人たちは同化を拒み、別世界を形成している)。われわれがお昼を食べたベンチは小学校の前にあったが、その学校の入口には、かつてナチスの手にかかって殺された生徒たちのことを書いたパネルが立てられている。

美味しいファラフェルで腹ごしらえをしたわれわれは、街を一巡りして、ピカソ美術館に向かった。ピカソ美術館も、サレ館（サレとは「塩辛い」の意）と呼ばれる古い館の中にある。この名称は、この館が初め、或る塩の徴税役人によって建てられたところから付けられたあざ名である。「塩漬け館」とでも訳せようか。アンシャン・レジームの下では、何によらず徴税役人は金持ちの人種だった。だからこそ、美術館になりうるほどの館を、都の真ん中につくることができたわけだ。

この館がピカソ美術館となったのは近年のことで、開館は一九八五年である。これを書きつつ、思い立って二十年前のガイド・ブックを開いてみると、当時この建物は修復中で、竣工のあかつきには衣裳博物館になる、と書かれている。急遽、計画が変更されたものであろう。

門を入ると前庭があり、その向こうに館がある。家内や娘は古い館の内装に興味がもっていたが、少なくともここではその興味は満たされない。所々に古い造作が残っているが、往時の生活を偲ばせるものはない。むしろ古い構造は新しい意匠のために活用されている。黒い木の梁と白い漆喰の壁のコントラストなど、よく使われる処方でしかも殆ど昔のままなのだが、モダンな印象を与える。日本文化は折衷文化と言われるが、フランスの文化もその点ではひけをとらない。古いものやエスニックなものを、いまの生活空間に取り込むところなど、われわれは決して得意ではない。そのような工夫に出会うと「洋風」の印象を覚えるのは、そのことの証拠のように思われる。フランス文化の折衷性には、年季が入っている。フランス音楽の祖とも見られるリュリは、生粋のイタリア人だし、ヴェルサイユ文化の相当部分はイタリア人によって支えられた。フランス人は、ショパンに関して少なくとも半分の権利を主張している。「ショパンは少なくともルイ十四世よりもフランス的だ。大王はクオーターだが、かれはハーフだから」というジョークを教えてくれたのは、マルティさん（「パリのアメリカ人」参照）である。ジョークの解説をするのは無粋だが、敢えてその愚をおかすならば、ルイ十四世はルイ十三世とその妃アンヌ・ドートリッシュの間に生まれたが、この母はスペイン王フィリポ三世の王女であり、父のルイ十三世はアンリ四世とフィレンツェの名家の出であるマリー・ド・メディシスを両親とするハーフだったのである。フランスの中華思想は、周辺を貪欲に飲み込む食欲によって支えられている。今世紀のフランス文化に目を転じても、その折衷性はいよいよ顕著である。そもそもピカソ自身がスペイン人である。ほかにもシャガール、モディリアーニ、スーチンからヴァザルリまで、今世紀の「フランス絵画」は外国人が支えてきた。レオナルド藤田の名を加えることもできるだろう。

＊

新しいピカソ美術館ときいて、わたくしは、てっきり、かれの遺作を収蔵する美術館に相違ない、と思い込んでいた。ピカソの遺作には思い出がある。

二十年前、わたくしは南仏のエクス・アン・プロヴァンスという小さな町に留学していた。その郊外のヴォーヴナルグという村には、かれの城館《シャトー》があったし、ニースに近いアンチーブでは、海辺の小さな城のなかに置かれた美術館が、その一角をかれの作品に捧げていた。こんな風に南仏ではピカソは身近な存在だった。かれの遺作展にめぐりあったのも、アヴィニョンでのことだった。「アヴィニョンの橋の上で」という歌で知られているこの町には、中世の一時期、法王庁が置かれていた。その旧法王庁の建物のなかで、かれの遺作展は開かれていた。何の調度品もない、剥き出しの石のだだっぴろい空間に、膨大な数の絵が置かれていた。陶画もあったように思う。壁に掛けるだけの手間もかけず、床の上に、壁にもたせかけてタブローが置かれていた。その無造作さにも驚いたが、作品そのものにも度胆を抜かれた。そこに示されたセックスへのあからさまな関心は、あまりに屈託がなく、隠微さに欠ける。作品の数の膨大さとともに、九十一歳で死んだ巨匠の最晩年の作品とは信じられないような、生のエネルギーに圧倒されたものだった。

後日、これらの遺作は怪盗団の手でごっそり持ち去られ、日本でもニュースになった。この盗難事件の顛末をわたくしは知らないが、新しいピカソ美術館が収蔵していると思ったのは、これらの遺作のことである。それらが回収されて、そこに収蔵されたものと、勝手に見当をつけていたのである。

展示室に入ると、ここのコレクションがアヴィニョンで見た遺作でないことは、すぐに分かった。ピカソ美術館は、目まぐるしく変貌を遂げていったピカソの生涯の歩みを、粒よりの作品によってたどりつつ、この藝術家の全体像のようなものが把握できるように構成されている。(あの遺作は一点もなかった。あの膨大な作品はどこへ行ってしまったのだろうか)。教養の施設としての美術館として、一級品である。新しいガイドブックを読むと、この美術館は、ピカソの死に際して相続税として物納された作品の展示のために設立されたものである、という。つまり、これらの作品はピカソ自身が所蔵していた、ということだ。これは驚くべきことではないか。わたくしは画家の個人生活がどのようなものか、無知に等しい。しかし、不遇の時代にも売れているときにも、自信作を手元に置き続けることは、いろいろな意味で容易なことではあるまい。

＊

わたくしも、ここの美術館で自分なりのピカソ像めいたものを得ることができた。その核心は、かれの変貌と様式ということに関わっている。それについて書きたいと思う。

かつてわたくしが十代のころ、ピカソは「分からない前衛」の代名詞だった。いま、かれの生涯の作品を見ると、むしろ古風な職人の印象を強く受ける。マルセル・デュシャンを先駆者として、世紀後半にアメリカで展開してきた美術の前衛運動は、造形的であるよりは観念的思想的である。藝術とは何か、何でありうるのか、という問いを巡って、新しいアイディアを提出することが、前衛たちの仕事だった。ピカソの場合はそうではない。九十余年のその生涯において、藝術が頭ではなく腕と手にあるということを疑ったことなど、一瞬もなかった。

変貌を続けたかれの藝術のなかで、真に前衛的なテーゼを含んでいたのは、おそらくキュビスム（立体主義）だけであり、一般のピカソのイメージは、この様式の画面に支配されているように思われる。そのキュビスムも、発想は視覚的であり造形的である。ひとと向かい合うと、そのひとの横顔は見えないし、後ろ姿も分からない。ここから見えるテーブルにも、わたくしの見ることのできない面がある。この横顔や見えない面を同一の画面のなかに取り込んで構成するのがキュビスムである。藝術の新境地を拓こうとしたことは間違いない。だからこそ、それは前衛運動でありえた。

しかし、それは単なるアイディア勝負の発想ではなく、手の仕事のための構想であることをわきまえた試みだった。美術家として守り続けたこの立脚点こそが、古風な職人という印象を与える所以である。

ピカソが凄いのは、ブラックとともにキュビスムを創始したあとで、写実の極みと言えるような絵を何点も画いていることである。そのあともキュビスムを捨てるわけではない。しかし、絶えず様式的な変貌を繰り返してゆく。様式だけではない。ジャンルについても同様で、油絵、デッサン、版画などの絵を専らにするのではなく、彫刻や陶藝を、そしてポスターから舞台装置までをも手がけている。ピカソ美術館のなかを歩きながら、わたくしの頭のなかには、或る言葉と一人の画家のことが去来していた。言葉というのは、「枕の冷たいところを探すように」ジャンルを替え、様式を変えてゆく、という趣旨のものである。これは、詩人コクトーが言ったか、或いはコクトーについて言われたか、そのようなものとして記憶している言葉だが、ピカソほどそれが似つかわしいひとはいない、と思われた。また画家というのは、B・ビュッフェのことで、一つの様式から決して外れない画家の典型として、そして、ピカソの豊穣さに対する貧困さの典型として、自づから、心に浮かんだのである。(ちなみに、日本でこの画家を好むひとが沢山いる、と言われていることを、わたくしは理解できずにいる)。

ビュッフェのようないき方は、実は、いまや当たり前である。「売れる看板」を見つけたならば、それを画きかえるような愚を犯してはならない。ビュッフェ風の様式を確立したビュッフェは、もう別のビュッフェになることはできないのだ。このような規制力は昔からあったに相違ないが、われわれの時代の商業主義がそれを増幅していることは、間違いあるまい。だが、「枕の冷たいところ」を探すのは、火照った頭だけである。そして、火照った頭ならば、商業主義が何と言おうと、枕の冷たいところを探さずにはおくまい。とは言うものの、それほどに熱い頭が、めったに見られない、ということも否定できない。

ピカソとビュッフェの対比にふれて、様式という概念について、日頃いだいていた疑問が頭をもたげて来た。西洋では、文学者の文体、美術家や音楽家の様式は、「スタイル」という同一の概念であり、そのスタイルは価値と見られている。スタイルを確立することは、藝術家として一人前になることであり、スタイルをもっているかどうかが、一流と二流以下とを分ける鍵である。例えば「スタイルをもたない作家 writer without style」と言えば、三文文士のことだ。だが、このような考え方は正しいと言えるのだろうか。ビュッフェには明瞭なスタイルがある。しかしピカソには、この意味でのスタイルはないのである。スタイルを価値と見ているのは、今や、売れる新人を求めている画廊の主人と、キャッチフレーズを探している評論家だけではないのか。

ピカソは定まったスタイルを嘲笑するかのように、色調までをも変化させる。これはわたくしには想像することも難しい真に驚嘆すべき変化である。形は意識によって変えられる。しかし、色はより深く身に染みついたもののように思われるからだ。キュビスム期のピカソには、わたくしなどの素人目にはブラックと区別のつかない作品がある。色までそっくりなのである。しかし、それも一時のことで、ピカソは大きく色調を変えてゆく。かれの創作時期を区分するのに、「青の時代」「バラ色の時代」などという呼び方がなされる所以である。大きく色調を変えながら、それでも、実はピカソの色と言えるようなものがある。生涯の作品を通覧するとき、変化を通して、それが見えてくる。そしてその色彩のなかに、ピカソがスペイン人であるということがまざまざと窺えるような気がする。特に赤と緑がそうで、ブラックの上品さとは全く異質な、南国人の生命力、或るあくの強さが滲みでている。好き嫌いを言うならば、凄いひとと思いつつ、あるいはあまりの凄さに圧倒されて、好きとは言いにくいものを、わたくしはピカソに感じている。

24　並木の文化学

並木と街路樹への関心は、パリのまちの美しさから始まった。都市としてパリほどに美しいところをわたくしは他に知らないが、その美しさを作っているのは、整然とした屋並と並木である。

建物の方について言えば、窓やベランダの手すりが最大のポイントではないかと思う。パリの建物は、概して同じ高さで、同じように白い壁に黒い屋根を戴いているが、よく見ると、それぞれにかなり凝った造りのものが少なくない。しかし、どの窓にも、またベランダにも黒い手すりがついていて、これが町並の統一感をつくるのに決定的な役割を果たしている。この手すりも、その模様は千差万別で、建築史家ならば面白い研究対象になりそうに思われる。だが、これはわれわれ日本人の居住空間には殆ど存在しないものなので、この生活様式の違いが、これをわれわれにはやや疎遠なものとしている面がある。

だが、並木の方はそうではない。日本の都市にも並木はある。しかも古来の並木と、西洋風の並木を、われわれは印象のうえで見分けている。並木への関心はパリの美しさから始まった、と書いたが、それは直接のきっかけにすぎず、実は子供の頃からの関心が潜在していたのかもしれない。原宿や明治神宮外苑のプラタナスの並木は、その同じ神宮の参道の杉並木や、あちこちにある桜並木とは、明らかに異質である。一方は西洋風、他方は典型的に日本的な風景だ。

並木は町の相貌を左右し、ときには決定すると言ってもよい。古代ローマの松並木、コルドバの一部に見られるオレンジの並木などは、ローマそのもの、コルドバそのものである。樹木には自然的もしくは文化的なコノテーションが具わっていて、それが町の景観に影響を及ぼす。例えば、松と言えばわれわれは、先ず白砂の浜辺と颪の強さを思い浮かべるが、それと同時に、或る高級感を覚え、ハイ・カルチャーと結び付けて考える。松が相応しいのは大名屋敷であり、棟割り長屋ではない。

そこから推して考えるならば、パリの街路樹も、それぞれの街区のイメージを大なり小なり決定しているはずだ。高級住宅街には高貴な木が、下町にはより庶民的な木が植えられているのではないか。街路樹としてわたくしが知っているのは、さしあたりプラタナスとマロニエだが、前者はより庶民的で、後者はより高級な印象を与える木のようにも思える。何故なら、プラタナスは至るところにあり、日本の都市にまで見られるのに対して、マロニエの方は少なくとも日本では見たことがないし、パリのなかでも高級住宅街の十六区やシャンゼリゼの大通りに植えられている、というようなことがあるからである。

こんな見当をつけて、パリに住むフランス人の友人に尋ねてみた。すると驚いたことに、かれらには樹木の高貴さの序列という観念がないらしい。逆に日本にはそういう区別があるのかときかれて、答えに窮してしまった。「ある」と答えることは簡単だが、そのあとの説明が続かない。街路樹の種類をそれほど知っているわけではないし、高級感の根拠も怪しく見えてくる。自分の好みを序列と勘違いしているだけかも知れないし、いま現にマロニエについて思い違いしていたのが判ったように、単に珍しいものを高級と思っているだけなのかも知れない。正確な知識が欲しいものだ。

街路樹について調べたい、と思うきっかけがもう一つあった。春に娘に付き添って役所に出掛けた折のこと、イタリー広場で、もう散りかげんの美しい花を見つけた。その木は、手の指を鷲掴みの形にして空に向けたような枝振りに、特徴がある。落ちている花びらを拾ってみると、子供の小指ほどの大きさで、細長い釣鐘形をしている。色は白く、先が薄紫に染まっている。満開のときにはさぞや壮観だったろう、と思われた。美しいものならば、是非にも、その名前を知りたくなる。そこが名前というものの不思議なところである。

＊

このようにして、調べ物が一つできた。しかし、どのようにして調べたらよいのか。薄紫の花の木の名前ならば、植物図鑑を調べれば判るだろうとは思われた。しかし、街路樹の文化的コノテーションの方は見当もつかない。あとから思えば、そもそも、自分が厳密に何を知りたいと思っているのか、はっきりしていたわけでもない。

このような状態で日数は過ぎていった。時折、本屋の店先で図鑑を広げてみたが、らちはあかない。実を言えば、あの薄紫の花の木の名前の方は二の次になっていた。調べ方は判っている。日本に帰ってから図鑑を見るほうが確実であるように思われたし、いざとなれば、詳しい人をイタリー広場まで連れてゆく、という手もある。調べ方が判っていれば、答を突き止めたも同然だ。それにひきかえ、調べ方の目処も立たない問いの方は、焦燥感をかき立てる。しかも、パリの並木や街路樹のことは、おそらくパリでしか調べられないだろう。

このような漠然とした調べ物は、とにかく開架式の図書館に行くより他に仕様がない。パリのなかで、わたくしの知っている唯一の開架式図書館は、ポンピドゥー・センターのなかにある。そして、この件でそこを訪れたのは、プラタナスもマロニエも葉を落としたあとの初冬の頃になっていた。これは愚かなことだった。樹木の名前を突き止めても、裸の木が相手では、もはや確かめようがないからである。しかし、致し方ない。不要不急の調べ物は、どうしても後回しになる。

図書館へゆくと、わたくしは直接司書に相談することにした。コンピューターの端末の前に座っていて、求める情報に見合った書物のタイトルを教えてくれる。この頃には、わたくしも自分の知りたいものが何であるか、はっきりと説明できるようになっていた。それは、先ず第一にパリにおける並木の歴史、第二にはその街路樹の種類であり、そしてできるならば、並木や個々の街路樹について、人びとがどのようなイメージをもっているかということである。このように特殊でしかも明瞭な質問は、司書からも歓迎されるように思われる。かれらにとって、少なくとも何がしかの気晴らしになるはずだ。端末の前の中年の女性は、質問を聞きニヤリとして、キイを叩いた。そして、首を振りながら何度かキイを叩き直したが、収穫は得られなかった。そこで、ここの棚を見てみなさい、と言って教えてくれたのは、人文地理の「パリ」の棚と植物学のコーナーである。

期待した「パリの地理」の棚には、沢山の本があったが、求めるようなタイトルのものは見当たらない。念のため「フランスの地理」も探したが徒労だった。植物学の棚には期待できない。わたくしの欲しい情報は、決して自然科学のものではない。しかも、専門的な本では、読んでもおそらくは理解できないだろう。だが、折角来たのだからと思い、そこへも行ってみた。ところが、手にした数冊のそれらしき書物のなかに、探していた情報、少なくとも最初の二つの問いに対する簡単な説明が見つかったのである。それはジャン・ロートというひとの書いた『われわれの生活の木々』という本で、その三つめの付録として、「パリとその木々」という六頁の記述があった。短いながら、そこにはパリの並木の歴史への言及があり、現在のパリの街路樹についての統計的な数字が示され、さらにプラタナスとマロニエを除く主要な種類に関して、どこに行けばその木を見ることができるかが述べられている（季節が遅すぎたことを悔やんだのは、この時のことである）。

簡略であることと、統計的な情報が一九七六年と少々古いことが玉にきず、とは言うものの、これだけでも大したものである。喜んでコピーをとったことは、言うまでもない。だが、糸口を摑まえると、欲が出る。そして欲を出しても良さそうに思われた。というのは、この六頁の記事が、パリ市役所の製作した『樹木と通り』という小冊子に基づくものであることが、明記されていたからである。もう一度、今度は植物学の棚の近くのカウンターに行って、そこの司書に書物の記事を見せ、この小冊子はないか、と尋ねた。端末を叩いてくれたが、ここの蔵書にはなかった。どこか見られるところはないだろうか、と聞いてみたが、かれの反応は否定的だった。「市役所へ行ったらどうだろうか」という問いにも、古いからと言って、やはり懐疑的だった。

とにかく、日を更めて、市役所に行ってみた。「何でも案内」のような窓口のあることは、観光案内書にも書いてある。そこへ出向いて用件を話すと、係の女性は奥に入っていった。少しして戻ってくると、もう一部も残っていない、と言う。常にも似ず、わたくしは食い下がった。保存用のものがあるはずだ、それのコピーがもらえれば十分だし、あるいは、より新しいヴァージョンのものがあればなおよい、と。もう一度奥に下がった彼女は、数枚の紙片を手に戻ってきた。それは、「パリの樹木」という一九八六年六月に出されたパンフレットのコピーと、市の公園緑地課の案内だった。これしかないと言って、あとは取りつく島がなかったが、しかたがない。何しろフランスのお役所なのだから。

もらったコピーは、ロートというあの著者が参照した『樹木と通り』よりもずっと啓蒙的なもので、街路樹の植え方や特に保護について説明し、市民に協力を求めるような内容で、わたくしの役にはあまり立ちそうにない。だが、「より詳しく知りたいひとは」として、公園緑地課の住所が書いてあるのが収穫だった。この住所を得て、宝さがしの終わりが近づいた、とわたくしは思った。

＊

オートゥイユ温室庭園。この施設はパリ十六区の、ブローニュの森の南端に位置している。わたくしのパリ滞在の研究主題は十七世紀の詩人ボワローの詩学だが、オートゥイユは、そのボワローの馴染みの土地だ。当時はパリからかなり離れた村で、ボワローはここに別荘をもち、後年はそこの自然を愛し、好んでそこで生活した。温室庭園は、戦前までは残っていたと思われるかれの別荘からも、そう遠くない。ただし、ポルト・ドートゥイユの駅でメトロを降りてからは、郊外に向かって歩く。下を走る外環状道路を越すと、すぐ左側にその庭園が見えてくる。

入口の門に立つと、背の高い木はあるものの、土地そのものは見下ろす感じになる。その緑の広がりを見ていると、「こんなところもあったんだ。もっと早くに知っていたら、来てみるのも悪くなかった」と思われてくる。何しろ、ここへ来たのは、明日パリを発つというその前日の朝なのだ。問い合わせの手紙を出したのは、結局、年を越してからのことだった。できれば例のパンフレットのコピーを、それがなくとも、とにかく可能な資料をもらうだけだから、間に合わなければ日本に回答を送ってもらえばよい、と考えていたために、ぐずぐずしていたわけである。ところが、折り返し返事が来て、「用件は分かったが、それは複雑な話なので手紙に書くことはできない。電話連絡のうえ会いに来てほしい」ということだった。そこで二三度電話のやりとりがあって、最後に得られたランデヴーがこの日の早朝だった、という次第である。

門の右手にある事務所風の建物から出てきた紳士に場所を尋ねると、親切に道を教えてくれた。距離の見当がつかないので「十分ほどか」ときくと、「とんでもない、すぐだ」という。教えられたままに、庭園の植え込みの小径を下ってゆく。しゃがんで地面で仕事をしている人たちも、愛想よく道をあけてくれる。パリでは他のどこでも感じたことのない暖かさだ。しかし、本当の驚きはその後に待っていた。小径を抜けてアスファルトの道に出ると、小型トラックが止まって、運転していた人が顔を出し、「何とか夫人に会いに来たのか」ときく。名前が違うので「セール夫人だ」

と答えると、「そうだ、とにかくこれに乗れ」と言う。どうやら、かれは夫人の旧姓を言ったものらしい。その助手席に乗ると、目指す建物は確かに目と鼻の先だった。しかし、乗せてもらわなければ、セール夫人の部屋を探すのに往生したろう。れんが造りの建物は二階建てで兵舎のようだが、そのなかは迷路さながら、しかも入口が判らず、尋ねるべき人も見当たらない。

ここの人びとの暖かさと親切は、つまるところ、幸福な人びとのそれである。かれらは好きな仕事をし、その人生に満足しているのだ、とわたくしは確信した。

そこは屋根裏らしく、傾斜した硝子のあかり窓の下に、夫人の机はあった。セール夫人は予想していたよりずっと若い。ジャージの上下を着ていて、臨戦態勢だ。「会議があるので二十分ほどしか時間がないけれど」と言いつつ、夫人は椅子を勧めてくれた。そこで彼女は、先ずジャン・シャスローという人の名で出版された『都市のなかの樹木』という書物（出版の年が明記されていないが、なかに取られている統計のなかで新しいのは一九七九年のものだから、かなり以前のものだろう）と「葉っぱのかぎ」というリーフレットをくれて、その上でわたくしの幾つかの質問に答えてくれた。そして、あわただしい別れ際に、時間があるなら、ここで読んでいらっしゃい、と言って、一冊のタイプ原稿を見せてくれた。それは、この温室庭園で研修をしたマリヴォンヌ・シャンボンという女性のまとめた一九九一年の報告書で、『起源から第二帝政末までの、パリにおける街路樹の発展』と題されている。中身はわれわれの修士論文くらいのレベルのもので、概説風だが、わたくしのような素人には役に立つ。昼すぎに別の約束のあったわたくしは、結局、小一時間ほど、この報告書を読み、

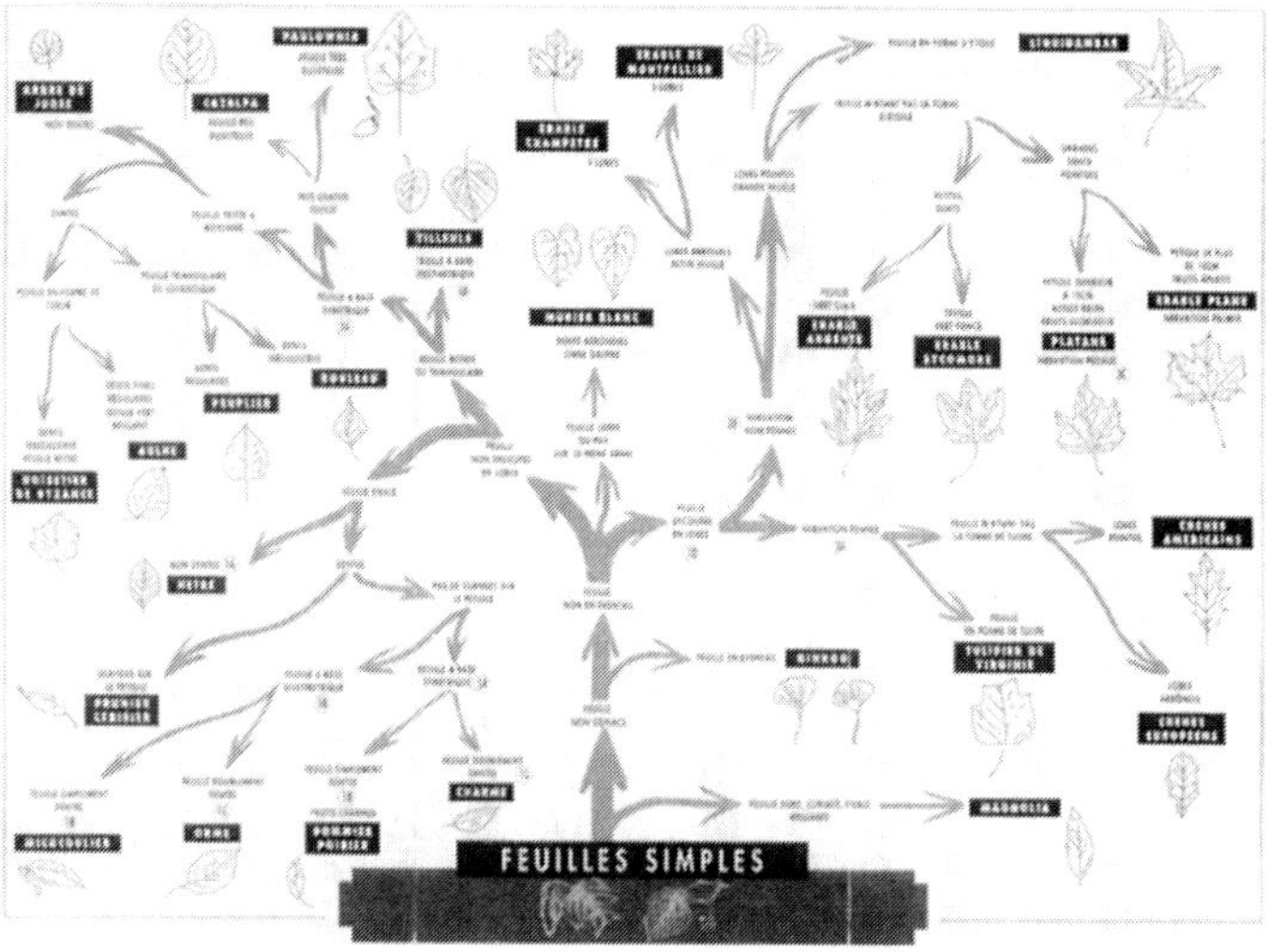

リーフレットの一部「葉っぱのかぎ」

十八世紀の終わりあたりまでいったところで、この事務所を辞した。

折角調べたことだから、判ったことのいくつかを書いておきたいと思う。ただ、その前に、「葉っぱのかぎ」というリーフレットがある。これは、葉っぱの形から、それが何の木であるかを探り当てる方法を図示したもので、葉の形の系統図のようになっている。これは面白い。いまが冬でなければ、早速試してみたいところだ。日本の役所もこういうものを出してくれるといいのに、と思ったりする。

だが、実は、それまで逆の不満を覚えていたのである。日本ならば、街路樹に名札がついていて、興味をもったとたん、たちどころにその木の名前を知ることができるようになっている。パリにはそれがない。帰りがけに見ると、この庭園の樹木には名札がつけられているが、それはここが植物園のような場所だからであろう。性急な一般化は危険だが、日本の名札とパリのリーフレットには、彼我のメンタリティの違いが読み取れるような気がする。このリーフレットの作者は、一般市民に自分たちと同じような知識を身につけて欲しい、と思っているように見える。だからこそ、博物学的な分類原理の基礎を図示したのであろう。この知識を習得すれば、どこへいっても、そこに出ている限りの樹木を見分けることができるようになる。一方、名札の方には、説明しても素人には判るまい、という気持が見え隠れしている。勿論、名札にもよいところがある。すぐに判るということは、名前とその木の全体のたたずまいとが、その場で結びつく、ということである。葉っぱの形を分析的に見るときとは好対照で、「森と木」のような関係がそこにある。

＊

ここで、パリ（と東京）における街路樹の基礎的なデータを紹介しよう。数字その他は右のシャスローの著書に拠ることにするが、パリについては一九七九年五月、東京についてはそのシャスローが一九七八年に大使館を通じて入手したものである。このとき、パリには約十万本の街路樹があった。そして、ブローニュ、ヴァンセンヌという二つの大きな森、さらには公園その他を含め、パリ中のすべての樹木を合わせると約四十一万四千本である。これに対して東京の場合、「東京で用いられている樹木の種類」という表に従えば、総数は約二十万五千本である。これは街路樹だけなのか、すべての緑地を合わせての数なのか判らない。仮に街路樹だけの数とすれば、パリの約二・五倍だが、東京二十三区の面積はパリの約五・六五倍あるから、密度にすると二分の一以下になる。

これが緑地全体の樹木の数であるなら、密度はなんとパリの二十三分の一ということになる（東京の数字に市部が含まれていれば、密度は更に薄くなる）。次に、用いられている木の種類のベスト・テンを挙げよう。

	パリ	東京
1	プラタナス（三七・八％）	銀杏（二四・四％）
2	マロニエ（一三・二％）	プラタナス（一三・六％）
3	えんじゅ（七・二％）	かえで（一一・五％）
4	菩提樹（六・七％）	柳（七・四％）
5	ポプラ（六・五％）	えんじゅ（五・三％）
6	かえで（五％）	桜（五％）
7	アカシア（三・七％）	けやき（二・四％）
8	楡（二・九％）	あお桐（二・四％）
9	ヒマラヤ杉（二・七％）	ふう（二・四％）
10	とねりこ（二・四％）	にせアカシア（二・三％）

目立っているのは、何といっても、パリのマロニエと菩提樹、東京の銀杏と柳、そして桜である。（ポプラは東京では少ないが、日本全体では決して少なくない）。そしてどちらにおいても、最多の二種類、パリではプラタナスとマロニエ、東京では銀杏とプラタナスが、約半数を占めている。それらは街

路樹のスタンダードと言える。特にプラタナスは、どちらにおいても多数を占め、いまや国際的な標準種になっているように見える。

パリにおける変化に注目すると、何といっても楡である。この木には、一九二〇年頃から病害が発生し、以来、大量の枯死が続いている。特に一九七〇年代の被害は凄まじい。七三～七六年の三年間に、セーヌ左岸だけで二五〇〇本の楡が伐られ、ヴァンセンヌの森では七二年に一万一千本あった楡が、七七年には数百本に激減したという。総数の統計の上でも、七〇年には第三位で九％をしめていたのが、九年後には右のようになっていた。今の時点で統計をとれば、おそらくベスト・テンには入るまい。

楡はパリにとって象徴的な木でもある。記録の上で、パリ市内に作られた最初の並木は、十四世紀末のシャルル五世のときのことだが、そのとき植えられたのが楡で、そのためにセレスタン河岸（サン・ルイ島に向かい合う右岸の通り）は楡河岸と呼ばれた、と言う。その後も長らく、町のなかに植えられたのは楡のみで、マロニエやプラタナスは当初、エキゾチックな樹木で、特にマロニエは十八世紀中葉に大いに好まれ、流行した。つまり、楡は古いパリそのものといってよいような樹木なのである。

このような伝染病の被害にあったのは楡だけではない。マルセイユではプラタナスが同じく病害によって、大量に枯死した。この経験が残した教訓は、樹木の種類を多様化するということだった。違う種類の木が間にあれば、そこで病気は止められる。右の表のうち、菩提樹とえんじゅは、その相当数が枯死した楡のあとに植えられたものだ。外来の品種は、本来の敵がいないので強く、その点で好ましいという。また、楡なら楡でも、害に強い品種を開発する努力が続けられている。

＊

街路樹の種類を選択するとき、強さが優先される、ということは、至極当然のことなのだが、樹木の文化的コノテーションという関心から調べ始めたわたくしのような者にとっては、やや興ざめである。専門家で、しかも現場の仕事に関わっているセール夫人の話は、当然、この種の興ざめなものが多い。この他に例えば、あとの手間のかからない種類が好ましく、従って、マロニエでも実のならないものが使われ始めている、というような指摘があった。

こういう話を聞いているうちに、樹木の間の高貴さの序列というようなことは、質問してみようという気も失っていた。高貴さは値段の違いによるところが大きいと思われるが、シャスローによれば、苗木の値段は、一九七八年一月の時点で、普通の種類なら三百〜五百フラン（六千〜一万もしくは七千〜一万二千円位）であり、かえでが三百フラン強、プラタナスが四百フラン弱、菩提樹で五百フランである。びっくりする程高い木があるわけではない。しかも、自分で木を育てることがなく、また様々な種類の木材を使う機会が多くあるわけでもないパリ市民にとって、苗木や木材の値段の違いは関心事ではあるまい。この面でも、高貴さの序列など考えたこともない、というのが本当のところだろう。選択の基準が、病気に対する抵抗力や手間のかからないことなどである以上、街の雰囲気に合わせて選ぶというようなことは、尋ねるまでもなく、ありえないことだ。

しかし、一点だけ、面白いと思ったことがある。枯れた木を植え替える場合、今では多様性ということが大切な基準なのだが、例えばグラン・ブルヴァールのように、プラタナスと強く結びついていて、人びとのイメージが出来上がっているところでは、他の種類に替えることはできない、というのである。パリに詳しい方ならばよく御存知の通り、グラン・ブルヴァールは十九世紀中頃に、セーヌ県知事オスマンが整備した環状大通りだが、そのオスマンは、大量の木を市内に植えた最初の人でもあった。そのときに、グラン・ブルヴァールとプラタナスの結びつきはできたものらしい。つまり、街路樹のなかには、歴史的コノテーションをもつものがある、ということである。

楡にしても同じことが言えるはずだ。ただ楡の場合には、特定の場所との強い結びつきがないために、他の種類の木と置き換えられてきたのに相違ない。しかし、それは「古いパリ」のイメージであった。ローマの松、コルドバのオレンジのような木は、この歴史的なコノテーションによって都市のイメージを構成するまでになっている。街路樹の文化的な表象を求めるという、当初の課題に対して、少なくとも一つの解答を得たように思われる。

＊

さて、ここまでは専ら街路樹のことばかりを述べてきた。しかし、街路樹だけが並木ではない。日光の杉並木のように、日本にも古い並木道があるのに、なぜか、街路樹としての都会の並木は西洋風の匂いがする。それはどのような理由によることなのだろうか。これまでわたくしは、何となく、それは杉の代わりにプラタナスが植えられているからだ、と思ってきた。確かに、原宿の通りに杉や松を植えることはイメージしにくい。だが、銀杏並木でさえも、都会の並木はやはり西洋風な感じがするのではないか。最後にこのことを考えてみたい。

実は西洋にも、日光の杉並木のようなものがある。ここに挙げる図版はスイスの画家ホドラーの『秋の夕べ』という絵である。いわくありげな含意には、この際、目をつむろう。田園を向こうへと続く並木道ということにだけ注目しよう。右側の樹木の列が地平線と交わるところの少し右側には、こんもりした木のかたまりが見え、更にその右手、手前の木で言えば一本目と二本目の間に空間のかなたにも、やはり木の連なりが見える。これらの木は、正面を奥に向かった並木道が、地平線のところで下にくだり、回り込んで右手に向かっているのを示唆しているようにも見える。わたくしがそのような印象をもつには、理由がある。ヨーロッパの田園地帯を鉄道で旅行してみると、このような並木をいくらでも見掛ける。それは必ず、道路か川に沿ったものである。そこで、木の連なりの下には、自然と道か水の流れがイメージされるので、ホドラーの絵の場合、他のいくつかの条件と相俟って、そのような印象が生まれるのである。

ホドラー『秋の夕べ』

ヨーロッパの田園地方に見られる並木は、木の丈が高い。ホドラーの絵が不思議な感じを与える一つの理由は、木の丈が低いことにある。田園の並木には、ひとのために影を与えるとか、川の堤を強くするなどの実用的な目的があったものと思われる。そういう並木を見ると、わたくしはルソーの『告白』の一節を思い出す。それは、ヴァンセンヌに囚われた友人のディドロを見舞いにゆく件である。

その年、一七四九年夏は、きびしい暑さだった、パリからヴァンセーヌまで、二里はある。馬車をやとうにも金がはらえない身だから、自分一人だと、午後の二時に歩いてでかける、しかもはやく着こうと思って足がはやくなる。道路の木は、この辺のならわしで、いつも枝をきりこんであるから、ほとんどかげというものをつくらない。しばしば暑さとつかれとで、へとへとになって、地面に大の字にたおれることがある。

（巻八、井上究一郎訳）

木がどの位の高さで、どれほど刈り込んであったのかは判らない。しかし、ここで注目したいのは、十八世紀の中頃、パリからヴァンセンヌにゆく街道には並木があった、ということだ。ヴァンセンヌは、いまではパリ市の東端に組み込まれているが、この頃は、西のオートゥイユと同様、郊外の土地で、ルソーが友を訪ねて通ったのは、都市の外の田舎道だった。今しがた記したように、田園のなかの並木は、自然な実用目的のものであるから、きっと古い昔から存在したに相違ない。

いま、手元にある十七世紀のパリの古地図の複製を見てみる。鳥瞰図で、建物や通りの大まかな様子が判るように画かれたものである。その画面の上では、郊外の田舎道に目立った並木があるわけではないが、パリ市のなかには、本当に並木道が稀であることが判る。庭園などの境界に植えられたものを除くと、セーヌ川からバスチーユまでの、現在「アルスナルの舟だまり」と呼ばれているところの一角ぐらいではないか。しかも、それは遊歩道であって、交通路ではない。この頃の遊歩道をフランス語で mail（マイユ）というが、それはもともと木のボールを槌で打つ遊び（ゲートボールのようなものか）の名称であったことからも推測されるように、遊びのための空間だったところに植えられた並木である。このような遊歩道は、通路ではなく場所であり、そこに木を植えることは、この場所をむしろ庭園に類したものにする効果のものだったと想像される。

エクス・アン・プロヴァンス　クール・ミラボー

われわれが、並木道をのんびりとくつろぐ場所として表象するとき、それは都市のなかの遊歩道に対応するイメージである。右に挙げたマイユがより大規模になったものを cours（クール）と呼ぶ。パリにもコンコルド広場からセーヌ川沿いに「クール・ラ・レーヌ」という通りがあり、ここは歴史のある並木道である。しかし、より典型的なのは、南仏のエクス・アン・プロヴァンスにある「クール・ミラボー」だ。わたくしにとってエクスは、かつて留学生として一年を過ごした思い出の町で、フランス人は誰でも、目を細めて「綺麗な町だ」と言う。しかし、行ってみると何もない。だが、クール・ミラボーがある。巨大な噴水のあるロータリーから延びる道のうちの一本がクール・ミラボーで、プラタナスの巨木の並ぶ並木道だ。ところが、数百メートル行くと、中央に、かつてここを治めたプロヴァンス王国の名君ルネ王の石像が立っていて、そこで並木は終わってしまう。中央を走ってきた車は急に狭くなった道に逸れてゆく。これを交通路と思うと、奇妙と言う他はない。それは、そこを通ってどこかにゆくための道ではなく、そこに人びとの集う一つの場所なのである。その証拠に、この道の北側には多くのカフェが店を連ねていて、人びとはここにきてくつろぎ、社交をしている。

以上のような事実から、並木の歴史は次のようなものとして考えることができる。最初にあったのは、田園の街道や水路の脇に植えられた並木で、これは日本でも古来知られているものである。都市のなかに最初に取り入れられた並木は、遊歩道のもので、交通路を並木道にするということは、十八世紀以後の、それも特にオスマンの時代に大々的に展開された都市計画に属している。この新しい、交通路に植えられた並木が、街路樹にほかならない。

＊

こんな調べ物は、素人ゆえのものであって、専門家には常識に類することなのかもしれない。だが、明らかにしえた事実は常識的なものにすぎなくとも、わたくしにとっては一つの開眼の経験だった。短い間住む機会を得た異国の町の、その魅力と、そこにわたくしが持ち込んだ違和感との、由来をたぐりよせるという経験であり、その答を得ての開眼である。

初めわたしくは、街路樹や並木には、日本風なものと西洋風なものとがあり、その違いは樹木の種類の違いによるもの、と思っていた。これは、日本で生活しているなかで身につけた、観察とも言えないほどの理解である。この理解を以てパリの町を眺めたとき、街路樹の種類の違いは、その街の何かを表現しているはずである、と思われた。しかし、それはわたくしの思い込みにすぎなかった。概してフランス人は、樹木の種類の違いに関して、われわれよりもずっと無関心であり、ましてや樹木の高貴さの序列のような考えには無縁であるように思われる。このすれ違いのなかに、並木に関する文化的ギャップがひそんでいる。事実はどうだったのか。古来の並木は、都市の外に延びる街道沿いや、川沿いの土手に並べられたものであって、これは西洋でも日本でも変わらない。それに対して、街路樹の並木は、公園と同様、西洋近代の発明品だった。それは、古来の並木が主として実用目的のものであったのに対して、つくろぎの空間を創るという意味で庭園に近い性格のものとして始まった。この性格は、今の街路樹にも残っていて、その道路の空間にゆとりがあればあるほど、その性格は濃厚になるように思われる。街路の並木が都市の魅力を作りだすのは、当然のことなのかもしれない。

このように整理すると、事態は東京でもパリでも大差ない、ということになる。古来の街道型の並木は西洋にも日本にもあった。そして、都会のなかの街路の並木は、パリでも近代の所産であり、東京は西洋文明の一つとしてそれを移入した。原宿のプラタナスの並木にバタくささを感ずるのは、この経緯に照らして当たり前だ、というわけである。この明快すぎる結論は、調べ物に苦労したわたくしにとって、いささか興ざめである。だが、幸いなことに、ここにもまだ、文化的ギャップの匂いが残っている。プラタナスの並木に対して感じた違和感について、わたくしは「西洋風」というレッテルを貼ったのだが、実は西洋の並木と同じものと見てはいないように思う。原宿の並木を「並木」と呼んだとたんに、漠然とではあれ、それを「どこかへ通じる道」として表象しようとしている気がする。それは、「並木」という言葉にしみ込んだわれわれの文化的コノテーションであって、「並木の雨」や「人生の並木道」などの歌謡曲に歌われた並木に、はっきりと示されているし、「東大の銀杏並木」にさえその含意が感じられる。日本語の「並木」とは、街道筋や参道筋のものなのである。その語を街路型の並木にあてはめたときに、当然感じるはずの違和感、それが「西洋風」の正体である。これにひきかえ、シャンゼリゼの並木を「どこかへ通じる道」として見ることはない。それはあるがままの、街路の並木だ。日本では、それを生きるほかない文化史の厚みが、異文化のなかでは、その表層に触れえるにすぎない、ということかもしれない。自らの歴史を生きることは、ときとして重苦しく、異文化を学ぶことは、切ない。

〔後日の補注〕――このエッセイの初稿は、現日本大学教授の高橋理喜男先生に目を通して頂いた。先生とは、かつて大阪府立大学農学部に在職しておられたとき、「自然美」についての集中講義に招いて頂いてからの御縁である。このエッセーに関して先生から教えて頂いたことのなかに、《マロニエの並木を日本でみたことがない》という点に関する御指摘がある。先生によれば、マロニエと同類のトチノキの並木ならば、宇都宮の県庁前や虎の門界隈にある。わたくしにはマロニエとトチノキがどのように違うのか分からないのだが、そう言われて気をつけていると、表参道駅近くの青山通りにも「マロニエ」の街路樹が並んでいるところがあるし、なんと自分の勤めている大学の構内にも、数本の「マロニエ」を見つけた。また、《イタリー広場の薄紫の花》については、それを桐の花と教えてくれたフランス人がいる。また、高橋先生はわたくしの記述から、それをセイヨウキササゲと推定された（専門家は植物の名をカタカナで表記する、というのも先生から教えられたことである）。これもわたくしの大学の裏手の小さな公園に桐の木があり、その幹の肌は全く違うのだが、春に落ちた花を見ると、イタリー広場で見たものとほぼ一致するように思われた。そして最後に、高橋先生から頂いた御著書『緑の大作戦』（大月書店）には、楡の病気についての詳しい記述がある他、わたくしがパリで苦心して集めようとした情報がいくつも載っている。素人の調べ物はそんなものだ、と思い知った次第である。

25 サン・マローとペタン元帥

サン・マローに寄ったのは、モン・サン・ミッシェル詣でのついでだった。モン・サン・ミッシェルは、日本でもよく知られている。少なくとも、フランスに旅行しようという気持があり、旅行案内などをひもとくほどの積極的な好奇心をもっているひとならば、知っている。たといその名は知らなくとも、細く延びる砂州の彼方に忽然と海から立ち上がった岩山と、その上にそびえるキリスト教の寺院の写真は見たことがあるはずだ。そして一度見たならば、容易に忘れられない。わたくしもそうだった。そして長らく、行ってみたいと思いつつ、その機会を得ずにいた。妻も次女もここを訪ねたいと強く希望していた。思いは長女とて同じこと。このモン・サン・ミッシェルは、彼女と一緒にゆくためにとっておいたところの一つだ。

この旅程のなかにサン・マローを組み込んだのは、殆ど偶然と言ってよい。行ったことのないところは、その地理が漠然としている。わたくしの場合のノルマンディーとブルターニュの関係がそうだった。フランスの地形は簡略には五角形と見なされるが、ノルマンディーもブルターニュも、その左上の斜辺に位置する。もう少し詳しい知識も、無いではなかった。ブルターニュはより下の方で、左にとびだした角の部分に相当するのがブルターニュ半島。これに対して、第二次世界大戦史のなかで有名なノルマンディー上陸作戦が行われたのは、より上の方である。しかし、モン・サン・ミッシェルが厳密にはどこにあり、ブルターニュに属するのか、それともノルマンディーなのかは、判っていなかった。というよりも、ブルターニュにあるものと思い込んでいた。この思い込みも、わけのなかったものではないらしい。わたくしのなかには、ブルターニュ神話とでも呼べそうな先入観があったからである。

この神話の基礎はデカルトによって与えられた。『方法叙説』のなかでかれは、若かったとき、自らの進むべき道を思い、学ぶべき学問を吟味した次第を語っている（第一部）。そのなかで、レトリックに関して次のように言っている。

わたしは雄弁術を非常に重んじていましたし、詩には夢中になっていました。しかし、このいずれもが、研鑽によって得られるものであるよりは、天賦の才能であると考えておりました。推論の力において誰よりもまさり、自らの考えを明晰で判りやすいものにするために最もよく嚙み砕くことのできるひとこそが、いつでも、誰よりもよく自らの主張を他人に納得させることができるものです、たとえかれが低地ブルトン語しか話さず、修辞学を習ったことが一度もなかったとしても。

「低地ブルトン語」（低地ブルターニュの言葉）というものを、わたくしは他に聞いたことが全くないし、どのような言語であるのかも分からない。ただ、デカルトの口ぶりからして、それは、フランス人には全く理解できない異系統の言語であるか、さもなければ、標準的なフランス語から、考えうるかぎり遠く隔たった方言であろう、と理解した（有名なジルソンの注釈では、「文学に用いられないという意味で粗野な言葉」と説明されている）。ブルターニュとは、フランスのなかで最も未開の地方、草深い田舎、ということになる。ブルターニュに旅行した友人たちの言葉が、この先入観を更に強めた。何でも安い、物価はパリの半分だ、いや三分の一だ、というのである。俗世間から超絶したようなあのモン・サン・ミッシェルの姿は、ブルターニュにこそ相応しい。

というわけで、この旅行を計画すると、モンパルナスにある《ブルターニュ観光局》に行ってみた。と、ここまで書けば、結果はお分かりだろう。モン・サン・ミッシェルは、二つの地方の境界近くに位置しているが、ブルターニュではなかったのである。クリスマス休暇の最中の旅行ゆえ、予めホテルを予約しておきたいと思ったのだが、求める情報は得られなかった。その代わり、サン・マローのことを教えられた。モン・サン・ミッシェルの近くで面白いところはないか、という問いに対して、ここを推薦されたのである。ホテルのリストをもらい、ここに泊まることにした。

＊

サン・マローは大西洋に面した古い港町で、町を囲む古い城壁が残っている。城壁を壊して町を拡張することをせず、その外に新しい市街地を発展させたのである。古い町は岬の先端に位置しているから、これを広げる余地がなかったのだろう。宿は勿論、この旧市街のなかにとった。

遅く着いたわれわれは、そのまま一夜を明かして、翌朝、町の散歩に出た。吐く息が白い。宿で聞いた通り、南に下って城壁に登ると、そこはテラス。海に向かって展望が開けている。いまとなっては単なる飾りのように見えるが、大砲が置かれていて、沖合を睨んでいる。その沖合に浮かぶ小島には、シャトーブリアンの墓がある由。また、このテラスには、カナダに遠征してそこにフランスの地歩を築いた探検家ジャック・カルチエの像が立っている。サン・マローは、古くから海賊の基地であったというから、海に向かう冒険の気風が伝統として染みついていたものであろう。

城壁を下りて、町中を一巡りする。本当に小さな町だ。例によって、市役所の前は広場になっていて、そこには戦死した兵士のための碑が立っている。顕彰するためなのか、慰霊のためなのかは分からない。おそらくその両方であろう。ただし、碑は第一次大戦の戦没兵士のためのもので、第二次大戦の兵士のためには、その傍らに、名前を刻んだだけのより小さな石碑が立っている。そこにわたくしは、長い時間をかけてようやく認識するに至った一つの事実を再確認し、そのことを妻や娘らにも語った。それはフランスと日本における、両次大戦の残した影の違いであり、この話には、わたくしどもがパリで借りて住んでいるアパートの、最寄りのメトロの駅名とも関係している。滞在も終わりに近づいたこの機会に、そのことを総括しておくのもいいだろう。

＊

明治以降の近代日本は、四つの大きな戦争を経験してきた（満州事変や日中戦争と第二次世界大戦を一つとして数えての話である）。そのなかで第一次世界大戦は、われわれにとって最も印象の希薄な戦争で、現在のわれわれの社会や生活に残った影響という点では、第二次大戦の圧倒的な重要性に比して、文字通り影が薄い。それは、南洋諸島や中国大陸の一部で、それもそこに置かれたドイツの植民地を攻略しただけの、言わば小手先の参戦であったことからして、当然とも言える。だが、われわれはこの二つの大戦の違いを、或る種の進歩史観を当てはめて理解しようとしているのではなかろうか。戦争の規模の拡大を「進歩」と呼ぶのがおかしいというのであれば、《拡大の図式による歴史把握》とでも言い換えよう。第一次大戦と第二次大戦の間に、兵器は飛躍的に高性能なものとなり、それにつれて戦術も不特定多数の大量殺戮に向けて大きく変化した。従って、第一次大戦はより小さな戦争であり、第二次大戦はずっと大きな戦争である。われわれはそう思っている。そのような常識を抱いてフランスの国内を歩くと、あちこちで第一次大戦の石碑に出会って、違和感を覚えることになる。初めわたくしは、それらが当然、第二次大戦のためのものだと思い込んでいた。ほどなく、この事実認識の誤りは修正された。注意してみると、この種の石碑は例外なく第一次大戦のものなのである。何故なのか。

ここまで読まれて、この「何故」に対して答を見つけられた読者があれば、それは言語の効果である。言語には、われわれの洞察を導いてくれるところがある。生活のなかでは、わたくしなどは相当に愚鈍である。この「何故」は、あるフランス人にぶつけてみなければならなかった。かれの説明は明快で、疑問は直ちに氷解した。《第二次大戦においてフランスは直ちに負けてしまった結果、戦闘は少なかった。それに対して第一次大戦では、フランスが戦場になったために、戦死者の数は比較にならない位多かった》というのである。フランスで「大戦（la Grande Guerre）」と言うのは、端的に第一次大戦のことである。『アメリカーナ百科事典』を見ると、第一次大戦におけるフランスの戦死者約一六五万五千人、それが第二次大戦では約二一万千人である（ちなみに、日本の戦死者数は、第一次大戦で三百人、第二次大戦では約一二三万人である。つまり第一次大戦におけるフランスの死者は、第二次大戦における日本の死者を三割以上上回っている）。このことに思い至らなかったのは、わたくしがいかに自分の視点からしかものを見ることができずにいるか、ということの一つの証である。

第一次大戦に直接関わったひとは、当時二十歳としても、いまでは九十歳を超える。現存するひとが多いとは思われない。それでも、その一世代あとの人びとにとっては、間接的な形であれ、この戦争は今も現代史という意味をもっていることだろう。いまなお、その戦死者の慰霊碑には花が絶えず、毎年のその終戦記念日（十一月十一日）には新聞に何らかの話題が載る。今年（九二年）は早くに話題が持ち上がった。七月十六日に「ヴェル・ディヴの一斉検挙」と呼ばれる出来事の五十周年を迎えたからである。「ヴェル・ディヴ Vel d'Hiv」とは、パリ十五区にあった冬季競輪場(Vélodrome d'Hiver）の略称で、ナチス占領下のパリでは、強制収容所に送られるユダヤ人らを集めるキャンプとして使われた。それ以前にもユダヤ人狩りは行われていた。だが一九四二年七月十六～十七日のそれは、ヴィシー政府の加担によって行われた大検挙という点で歴史的な意味をもっていた。その記念式典を二日後に控えた七月十四日、革命記念日に当たって恒例の記者会見を開いたミッテラン大統領は、この事件に関する政府の責任について、「法の上では、共和国はなすべきことを行った」と答えた。この言葉が大きな議論を呼んだのだが、多くの読者にはその意味が分からないだろう。わたくしもそうだった。後日新聞を読んでようやく分かったのは、次のようなことである。問題は多くのユダヤ人やジプシーを死の収容所に送ったことについての共和国政府の責任である。五十周年の式典を計画し挙行した「ヴェル・ディヴ42委員会」も、真実を明らかにし、政府の責任を公式に認めることを要求している。共和国大統領ミッテランの発言は、ヴィシー政府が共和国とは別の存在であり、一九四四年の時点で共和国政府はヴィシー政府に対する法的処置を明確に行っている、という趣旨である。そこで議論は、ヴィシー政府と現共和国政府との連続性の問題と、ヴィシー政府の罪が正しく裁かれているか否かという点に集中した。

ヴェル・ディヴ事件は、勿論、第二次大戦の一こまである。しかし、ヴィシー政府の責任の問題は、その元首であったペタン元帥の存在を介して第一次大戦の歴史につながっている。ペタン元帥は、第一次大戦、特に有名なヴェルダンの戦いにおけるフランスの英雄であり、同時に、第二次大戦では、緒戦でドイツに敗れたあとの、ヒットラーの傀儡政権もしくは対独協力政権として悪名高いヴィシー政府の元首である。ヴィシーはフランス中央の山地にあり、ミネラル・ウォーターの産地として知られる田舎町だが、パリをドイツ軍に占領された状況下、ここにフランス政府が置かれたのである。四〇年六月十四日、開戦から一年足らずでパリが陥落し、政府はボルドーに逃れる。そこでペタンは首相となり休戦協定を結ぶ。そしてヴィシーに居を定めた第三共和国議会は、七月十日、《ヴェルダンの英雄》を国家元首としてその手に全権を委ねた。ペタンの政策に揺れがなかったわけではないらしい。しかし、抵抗は不可能で、協力の道を採らざるをえなかった。ほどなく戦況は逆転する。そして連合軍の到来とともに一度ドイツに逃れたペタンだが、やがて自らフランスに帰って裁判を受けた。四五年八月十五日の法廷はかれに死刑を宣告するが、その二日後、臨時政府の元首であったド・ゴール将軍はかれに特赦を与えて終身刑とした。この判決を受けてペタンは、ユー島という大西洋岸の小島に送られ、そこで一九五一年に亡くなっている。

わたくしはこのペタンという人物に、興味をそそられる。それは、政治的もしくは歴史学的関心というよりも、劇的もしくは小説的な好奇心である。その政権の残した問題ではなく、ペタン個人に興味がある。英雄かつ裏切り者という両義性がわたくしを引きつけるのである。しかも、それは単なる二面性ではない。かれは類稀な国民的英雄であったがために、裏切り者の役まわりを引き受ける羽目に陥った。これは真の意味で悲劇的な状況だ。

ペタンの置かれた状況は、すでに劇化されている、と言ってよい。レジスタンス対ペタンの構図は、わたくしのなかで、J・アヌイの名作『アンチゴーヌ』におけるアンチゴーヌと国王クレオンの対立と重なり合う。ソポクレスの悲劇を翻案したこの戯曲は、まさにドイツ占領下、またヴィシー政府統治下の一九四二年に初演された。そして、叔父である国王の禁令を冒して兄の亡骸に埋葬の礼を施した王女アンチゴーヌの「抵抗」を描いた作品として、実存主義演劇の代表作と評価されてきた。実存主義思潮のなかでは、個人とその「主体性」の面が強調されてきたように思う。当然、主人公はアンチゴーヌである。しかし、このように戯曲として作品化されたかたちで見てみると、その個人の決断が集団もしくは社会、あるいは政治との緊張のなかにあった、というドラマの構図が浮かび上がってくる。アンチゴーヌやレジスタンスの論理は単純かつ明快で、英雄的である。正義がかれらにあることは、一点の疑いもない。しかし、劇的な観点から見れば、クレオンの立場の方が遥かに複雑で、関心を引く力がずっと強い。クレオンもまた、政治のなかに取り込まれた個人である。ただしかれは、状況のなかで、自らが望んだわけではないこの汚れ役を引き受けることが、自分の責務と思ったのだ。その結果、権力の奪取を目論んで祖国を攻撃した甥の屍を、罪人のものとして放置するように命令し、これに逆らった姪のアンチゴーヌの反抗を引き起こし、望まぬまま彼女を刑場に送る。さらに、アンチゴーヌの婚約者だった自らの息子エモンの自殺と、さらに妻ウーリディスの後追い自殺をも招くという、散々な目にあう。それでも、かれは仕事としての政治を続けてゆく。英雄の時代が過去のものとなったいま、われわれの生きるドラマは、アンチゴーヌのものではなく、クレオンのものである。それ以外にはない。わたくしのなかで、ペタンはクレオンの姿に重なって見える。ペタンに対するわたくしの関心には、おそらく、このような時代的な背景もある。

＊

この物語は、パリにおけるわたくしどもの日常生活のなかに、実は織り込まれていた。わたくしどものアパートはギィ・モケーというメトロの駅の近くにある。ギィ・モケーは明らかに人名だが、それが何者であるかを知っているひとはまずいない。普通の意味での偉人でもなければ、有名人でさえない。そこで、駅のプラットフォームの中央に、ガラス・ケースにいれた説明文と写真がある。そこには次のように書かれている。

ギィ・モケー Guy MÔQUET

パリの共産党代議士プロスペル・モケーの息子。

一九二四年四月二十六日生まれ。

一九三九年、その父が逮捕され、ル・ピュイの牢獄に収監されたとき、ギィ・モケーはリセ・カルノーの生徒だった。ナチスによるフランス占領の当初、かれは十七区共産党青年団の傘下にあって、地下闘争に参加した。

一九四〇年十月十三日、東駅のプラットホームで逮捕され、数カ月にわたって尋問と拷問を受けた。

一九四一年一月二十三日、無罪とされていたにもかかわらず、かれはフレーヌの、ついでラ・サンテ、クレルヴォーの牢獄に入れられた。そしてついには、シャトーブリアン（ロワール・アトランティック県）の人質キャンプに送られた。

一九四一年十月二十日、一人のナチの将校がナントで殺害された。前線司令官のホッツである。その報復として、一九四一年十月二十二日、四十八人の人質が、そしてそのうちの二十七人はシャトーブリアンで、銃殺されることになった。

かれらのなかに、特に当時十七歳半であったギィ・モケーと、パリの代議士シャルル・ミシェルがいた。人質のなかには、銃殺部隊に引き渡されるに先立って、収容されていた小屋の床板に、最期の想いを書き記した者もいる。

ギィ・モケーはそこに次のメッセージを残した。「生き残るすべての諸君、いま死んでゆくわれわれ二十七人に相応しい生き方をしてくれ（Soyez digne de nous)」。

「十七歳半」という書き方に、わたくしは小さな違和感を覚えたが、それはすぐに氷解する。ガラスケースには、ギイ・モケーが家族に宛てた最期の手紙の写真も展示されていて、「十七歳半」がかれ自身の言葉であることが分かるからである。わたくしのこの文が長くなることは分かっているが、レジスタンスのこの若者の遺書もまた、ここに書き写さずにはいられない。

シャトーブリアン、一九四一年十月二十二日、

愛しい母さん、
大好きな弟、
そして父さん。

僕は死んでゆきます。みんなに、特に母さんにお願いしたいのは、大きな勇気をもってほしい、ということです。僕には勇気がありますし、僕の前にいった人たちと同じくらいに勇気をもちたいと思っています。勿論、できるなら生きたかった。けれど、僕が心から願っているのは、僕の死が何かに役立つことです。ジャンにキスする時間はありませんでした。しかし二人の同志《フレール》ロジェとリノにはキスしました。しかし、本当の弟《フレール》には、

キスすることができません、残念ですが。

僕の持ち物はすべて送り返されることと思います。セルジュの役に立つかもしれません。いつかセルジュが誇らしげにそれを身につけてくれることでしょう。

父さん。母さんに与えたのと同じように、多大の苦しみを与えたかもしれませんが、最後の挨拶を送ります。父さんが示してくれた道に役立つよう、僕は最善を尽くしたのです。

最後のさようならを、すべての友人たちへ、大好きな弟へ。よく学んで、いつかひとりの人間（un Homme）になって下さい。

十七歳と半年。僕の人生は短いものでした。悔いはありません、みんなから別れることを除くならば。死ぬのもタンタン、ミシェルと一緒です。母さん、お願いがあります、約束してほしいのです、勇気を以て、苦しみを乗り越えて下さい。

これ以上もう書けません。みんなに、母さん、セルジュ、父さん、さようなら。僕の子供の心をこめて、みんなにキスを送ります。

がんばって下さい。

みんなを愛するギィより。

ギィ

優しくて女らしい母親、幼くて純真な弟、そして強い正義心をもった父親の姿が目に見えるようだ。そして、そんな家族に対するギィの愛情も尊敬の気持もひしひしと伝わってくる。これを読むと、現にいま生き残っていることに、後ろめたさのようなものを感じてしまう。それだけではない。十七歳と半年の若者の若さが見える年齢になったわたくしの感動には、言いようのない痛切な想いが混じっている。

ケースのなかにはもう一つ文書の写しがある。この事件について、ペタン元帥の発した布告である。これについても、その全文を紹介しよう。

フランス人たちへ、

占領軍の将校が狙撃された。二人の死者が出た。

この名前なき犯罪の代価を、今朝、五十人のフランス人がその命で支払った。犯人が見つからなければ、明日、更に五十人が銃殺されることになろう。

フランスの大地にまたしても血の川が流れた。この代償は恐ろしい。それは直接真犯人に命中することはない。

フランス人たちよ、君たちの義務は明らかである。殺戮を止めさせなければならない。休戦協定によって、われわれは武器をおいた。ドイツ人を背後から撃つために武器を手にする権利はない。

これらの犯罪を操っている外国人は知っている、フランスに深傷を負わせているということを。かれには、われらの寡婦、われらの孤児、われらの囚人など、何ものでもないのだ。
陰謀に対して立ち上がれ、正義の裁きに力を貸してほしい。一人の犯人が見つかるならば、百人のフランス人が救われるのだ。

声をからして、次のことを叫びたい。

――これ以上、フランスに苦しみを与えさせるな。

フィリップ・ペタン

レジスタンスの目で見れば、これこそが陰謀、「血の川」を流しているのはペタン当人ではないか、ということになるだろう。しかしそれは、ペタンの晩年に悲劇を見ているわたくしの見方ではない。勿論、「外国に操られている」というのは、建前だ。ドイツ人将校の暗殺がレジスタンスのフランス人の仕業であることを、ペタン元帥は知っていたはずである。そしてかれらが愛国者であり、元帥とはその愛のかたちが違うということも、知っていたはずである。かれらにとって「寡婦、孤児、囚人」は、元帥にとってと同じく、或いはそれ以上に重いものだったが、更にそれにも増して国の正義はかけがえのないものだった。それゆえのレジスタンスであることを、元帥はよく知っていた。だから、自分の呼び掛けが決して聴き届けられるはずのないものであることを、元帥は承知していた。承知しながらも、呼び掛けざるをえない。この布告には、その元帥の肉声が聞こえる。最後の叫びは、わたくしの耳には殆ど悲鳴のように聞こえる。

＊

第一次大戦でその勇名をはせたヴェルダンの戦いのとき（一九一六年）、ペタンは既に六十歳、元首に就任したときには八十四歳だった。痴呆症にかかっていた、とは考えられないが、歴戦の勇将も老齢とともに闘争心が萎えていたのではないか。その面はあるかもしれないが、それだけではあるまい。また、そのような説明ではストーリーとして少しも面白くない。ペタンは全てを見通した上で、この割りの合わない仕事を引き受けた。誰かがそれを引き受けなければならず、第一次大戦における英雄にして、現にかくしゃくたる統率力を保っていたかれを除いて、誰も適任者はいなかった。かくして、第一次大戦の英雄と、第二次大戦における裏切り者とは、かれにおいて、殆ど必然的に結びついたのである。初めから決まっていた歴史のこの忘恩を、フランス人は不条理と思っていないのか。少なくとも知的なフランス人の多くは、そのことを認識しているのではないか。わたくしの問いかけに対して、件のフランス人は、それを肯定した。ペタンがいなかったならば、フランス人の、とくに知識人階級の犠牲者はずっと多かったろう。事実、ナチスは、ポーランドで行った知識人の抹殺計画を、フランスにおいても実施しようとしていた、というのである。

＊

歴史的事実の検証は、歴史学者に任せよう。ここではただ、ヴェル・ディヴ五十周年記念式典に関する顚末を記しておきたい。式典に参列した共和国大統領F・ミッテランは、怒号に迎えられ、拍手を以て見送られた、という。それ自体、十分に劇的な緊張をはらんだ出来事であったらしい。その間、一言も口をきかずにミッテランのたたえていた「凍りついた微笑み」（P・ジャロー、『ル・モンド』紙、一九九二年七月十八日）の背後にはいかなる想いがあったのか。「凍りついた微笑み」という表現は、この頃のミッテランの姿を見事に捉えている。相当に思い切った決定を下すだけの決断力を保ちながら、いかなる場面でも、かれは喜怒哀楽を表すことがない。政治家であっても、これほど無表情な顔をわたくしは見たことがない。それはあたかも、事実だけが一切を語ると達観しているかのように見える。ヴィシー政権下のかれの所業そのものが曖昧で、かれの経歴の暗い部分でもある。七月十四日の発言のあとでは、その話題が蒸し返されもした。ただし、ミッテランはこの時期の自らの行動を、決して隠していないらしい。(ここにも面白い人物がいる)。

式典の数日後、ユダヤ人サイドから、今年の終戦記念日に共和国大統領は、恒例となっているペタン元帥の墓への献花を取り止めるだろうという意向が、その側近から伝えられた、という発言がなされたが、大統領府はこの情報が大統領府から出たものであることを否定した。政治的な発言は、その裏はおろか、裏の裏、裏の裏の裏……を読まれるものだから、いずれが事実なのかは分からない。ペタン元帥の墓に最初に献花したフランスの大統領は、誰あろう、シャルル・ド・ゴールだった。それは「大戦」の終戦五十周年の記念日にあたる一九六八年十一月十一日のことである。その後、熱狂的な支持者に盗まれたその柩を再度埋葬した七三年にはポンピドゥ大統領が、終戦六十周年の七八年にはジスカール・デスタン大統領が、それぞれ献花している。ミッテラン大統領について言えば、八四年九月、ヴェルダンでドイツのコール首相と会談した際に最初の献花を行い、次いで八六年六月、ヴェルダンの戦いの開戦七十周年記念日に、そしてその秋の終戦記念日からは毎年この日に献花を続けてきた。それだけに、今年の十一月十一日が注目されたわけである。結果、献花は続けられた。ただし、第一次大戦の他の元帥七人全員の墓に献花することによって、これが純粋に「大戦」にかかわるものであることを明らかにするようにした、というのがエリゼ宮の説明だった。

ちなみに、他の七人のうち、フォッシュとジョッフル両元帥の墓には、ペタン元帥の墓より以前の一九八二年以来、献花がなされている、という。続けられた献花にユダヤ人サイドが激怒したことは、言うまでもない。大統領府は、この献花には一つの意味しか持たせないと言うが、それが二つの意味を持ちうることをかれらは主張し、それゆえにその中止を求めているわけである。常識的には、一つの意味しかないという主張には無理がある。「ペタンの墓にのみ献花する」から「ペタンの墓にだけ献花しない」に至るまで、いくつかの選択肢があるが、そのどれを選んだところで、「もう一つの意味」を消し去ることはできないだろう。あえてペタン元帥の墓に献花を続ける行為のなかには、ペタン個人に対する感情とは異なる、右に述べた《歴史の忘恩》の不条理に関する同情心のようなものが、示されているのではないか。政治家として口を開くならば、誰しも「一つの意味」しか語るまい。それでも政治家ミッテランは、文字通り能面のように無表情な「凍った微笑み」を崩さずに、ペタン元帥の墓に献花を続けている。

＊

サン・マローの市役所前の広場に立つ二つの石碑、大きな第一次大戦の戦死者のための碑と、ずっと小さな第二次大戦戦死者のための石碑は、そのまま、ペタン元帥の像である。《第一次大戦の英雄にして、第二次大戦における祖国への裏切り者》　これが、タブーを以て修正を禁じられた、かれの墓碑銘である。その碑文をもう一度、サン・マローの二つの石碑の大きさに重ね合わせて、読み直してもよいのではないか。すなわち、「裏切り者」とは、英雄たちのための大きな石碑に代えて、戦死者のためのより小さな石碑を残した、ということなのではないか。わたくしはそう思った。もっとも、これは外国人であるわたくしが覚えた小説的な感慨にすぎない。事件をこのように「美的」に見ることのできない多くの人びとが、今もいる。それは、戦争の傷が癒えていない、ということに相違ない。

26 冬のシャンボール

パリの外環道路をヴェルサイユ方面に抜ける。この道路はルイ十四世の古都の北西を遠巻きに迂回して、南に下り、やがてランブイエの町をかすめてゆく。ここには古い館があり、かつて確か最初のサミットが開かれて、世界的に脚光を浴びた。その頃と較べて、世界の政治的な様相は一変した。いわゆる大国の影はやや薄くなり、地域の自己主張が強くなってきている。ランブイエも再び、パリ近郊の古い町に返っている。周囲には狩りの名所として知られた森が広がり、その古い城館は、狩りを好んだフランソワ一世が終焉の場所とした由緒あるお城だ。そんないなか町ならば、のんびり訪ねてみたいとは思いながら、いまだ訪れたことはない。今回も素通りである。

ランブイエを過ぎたころから、車の数も減り、冬枯れの荒野を、定規で引いたような直線の道が南に延びてゆく。そこは平原という言い方がぴったりするような広がりで、誇張ではなく、地平線の丸みを見とめることができる。空は灰色。その中空に赤い小さな太陽がかかっている、さながら厚い磨り硝子越しに見るおひさまだ。暗くはないが、いつ降り出してもおかしくはない。それに、この大晦日はひどく寒い。

酔狂なことに、われわれはロワールのお城を見物に出かけるところである。長女の希望で、ロワールゆきは、彼女のやってくる冬に延ばしていた。冬に海水浴場を訪ねるようなものだが、それも一興だろう。観光客が少ないだけでも悪くない。まずシャンボールにゆき、続いてシュノンソー……という程度の計画しかない。妻は、かつて訪れたことのないアゼ・ル・リドーに行きたがっている。そこまでは行けるだろう。

煉瓦の塀と門が見えてくる。小さな看板が立っていて、その内側がシャンボール城の敷地であると記されている。その門を入ってから、十分以上も走ってようやく、フランソワ一世の城が見えてくる。この広大な森は、かつては（そしておそらくは今も）狩り場だった。「ここから見たのよ、ここよ」と、母親は娘らに教えている。そこからは城のうしろの正面が見える。ロワール川流域に建つ多くのシャトーのなかで、最も壮麗と言ってよいこの城の姿は、旅の好きなひとならば誰でも知っているに相違ない。かつてここに来たときのことを、幼児だった次女は覚えていないが、小学一年生だった長女はかすかに覚えているのかも知れない。しかし、見覚えのその城の姿が、その時にその目で見た記憶なのか、それとも本のなかの写真から得たものであるのか、確信がな

シャンボール城

いらしい。記憶とはそういうものだ。経験の残像に知識が重なり、褪色しつつ錬成されてきたのが記憶である。

城に近い駐車場に車をとめて、中を見物することにする。妻もわたくしも中に入るのは初めてである。かつて訪れたのは夏の夜のことで、先刻の場所に車を停めて、そこから《ソン・エ・リュミエール》(「音と光」の意味)というスペクタクルを見たのだった。城に様々な照明を当て、城にまつわるエピソードと音楽をスピーカーで流す、という見せ物である。城への入口は、その時眺めた部分の反対側にある。絵はがきその他の写真でも、好まれるのは、その裏側の像だ。この城の建てられた十六世紀の人びとが、見せるための正面《ファサード》という観念をもっていなかったことの証拠である。

建物のなかに入ってすぐに目についたのは、ホールにあって赤々と燃えている暖炉である。広いホールの空間を暖めるにはほど遠い。しかし、近づくと暖かい。暖炉では、かなりの太さの木材を鉄製の置き台に横たえて、そのまま燃やしている。この暖かさは嬉しい。なにしろひどい寒さだ。手はかじかみ、耳や鼻は赤くなるほどの寒さなのだ。外から見るとお伽の城としか見えないシャンボールが、少なくとも冬の間は、相当居住性の悪い建物だったであろうことが窺われる。この城を建てたフランソワ一世も、狩りなどのための言わば離宮としてたまにしか使うことがなかった、ということ。巨大な浪費に相違ない。

＊

突然、話は変わるが、どなたも「女心のうた」を御存知だろう。「風のなかの羽根のように／いつも変わる女ごころ……」というあの歌である。ヴェルディの名作オペラ『リゴレット』のなかのアリアで、あらゆるオペラのアリアのなかでも最も有名なものの一つに数えられる。作中でこのアリアを歌うのはマントヴァ公爵で、題名のリゴレットとは、その公爵に仕えるせむしの道化である。かれは公爵の意のまま、その放蕩の手助けをして、多くのひとの恨みをかっている。そのかれが、何よりも大切にしているのは、清純な一人娘のジルダで、公爵の目につかないように、ひっそりと住まわせている。ところが、ジルダは教会で、貧乏学生に変装した公爵を見初めて、恋に落ちてしまう。そして、他の廷臣らの手で彼女はさらわれるのだが、何も知らないリゴレットは、娘の略奪に手を貸す破目になる。必死に娘を探すリゴレット。ついに事情を知ったかれは、憎い主人の暗殺を企てる。公爵が客となった町はずれの川岸にある曖昧宿の主に、リゴレットは殺人を依頼する。ところが、公爵を深く愛してしまったジルダは、物陰から見ていて父親のこの計画を知り、ついに、公爵の身代わりになる決心をする。女心の歌は、この曖昧宿で公爵のうたう歌だ。幕切れでも、袋詰めの死体を渡されたリゴレットがそれを川に投げ捨てようとしたときに、宿の二階からこの歌が聞こえてきて、ぎょっとしたかれが袋を開くと瀕死の娘が出てくる、というように効果的に使われている。

実はこの女心のうたは、シャンボール城の主フランソワ一世と関係がある。かれの愛唱歌だった、というようなことは、勿論、ない。では、どのような関係なのか。これは、よほどのオペラ好きでも御存知あるまい。『リゴレット』の原作は、ヴィクトル・ユゴーの『王は楽しむ』（一八三二年）という戯曲で、その主人公がフランソワ一世なのである。この戯曲は不道徳のかどで上演を禁止されたが、舞台をマントヴァに移した形でオペラ化された（一八五一年）。つまり、女心のうたのもともとの主はフランソワ一世、ということになる。

シャンボールでは、しきりとこの王様のことが思われた。少し前に、コメディ・フランセーズでこの『王は楽しむ』を観て、小さからぬショックを受けていたからである。初演直後の上演禁止という事情もあって、その上演は極めて稀なものらしい。わたくしはこの戯曲を読んでいなかったし、今もなお読んでいない。しかし、この舞台を見て、ヴェルディのオペラが極めて忠実にユゴーの戯曲を下敷きにしていることは判った。そして、マントヴァ公爵が実はフランソワ一世だったということを知って、ショックを受けたのである。そのわけは、この国王について、放蕩者の公爵とはかけ離れたイメージを抱いていたからである。

わたくしの頭のなかにあったフランソワ一世とは、《フランス・ルネサンスを拓いた名君》である。このイメージがどのようにして出来たのかを、自分のなかで辿り直すことは難しいが、その始まりは、間違いなく渡辺一夫の著書にあったはずだ。いま、その『フランス・ルネサンスの人々』を読み直すと、このフランス文学者はフランソワ一世の俗物的な性格を捉えていたことが判る。しかし、事業の上で見る限り、かれが当時後進国だったフランスにルネサンスの文化運動を根づかせた功労者であったことに変わりはない。かれはレオナルド・ダ・ヴィンチを招き、そのレオナルドはシャンボールからも遠くないアンボワーズの城で、一説によればフランソワ一世の腕のなかで死んだと伝えられる。また、近年の修復が話題を呼んだヴェロネーゼの大作『カナの婚礼』（ルーヴル蔵）の画面には、コントラバス奏者の姿で王が画き込まれている、と言われる。この輝かしい名君の姿と、ユゴーの描いた悪徳の権化とは容易に重ならない。

ユゴーは、ここにほど近いブロワの出身で、新婚間もない一八二五年、父のもとに里帰りをしている。そしてシャンボール城を訪れたかれは、友人に宛てた五月七日の手紙で次のように書いている。

――ぼくはきのうシャンボール城を見物しました。あの城がどんなにふしぎな美しさに満ちているか、あなたには想像もできないでしょう。仙女と騎士とが住んでもいそうなあの見事で奇妙な城の建築には、ありとあらゆる魔法や詩趣、いやありとあらゆる狂気までもが表現されています。ぼくは一番高い小塔のてっぺんに自分の名を刻んできました。また、このてっぺんの石と苔を少しばかりと、それに、フランソワ一世がつぎのような二行の詩句を刻みこんだ開き窓の窓縁のかけらも、おみやげにもってきました。

女心はたびたび変る。
まともにとる奴ぁうつけもの！

（モロワ『V・ユゴーの生涯』辻・横山訳より）

なんと、冗談ではない。ヴェルディの旋律こそ知る由のないものではあったが、女心の歌は王自身の言葉だったのだ。それを知ったのは後のことで、シャンボールを訪れた冬の日には、王の落書きのことなど思いつきもしなかった。

フランソワ一世は文化的な名君だったのか、それとも悪辣な暴君だったのか。相当に好色だったことは確からしい。「真のすがた」を求めるのが間違っているのかもしれない。それは、生きているひとのすがたが決して一つでないのと同じことだ。違いがあるとすれば、死後の名声やイメージは、歴史の状況に大きく左右されることがある、ということであろう。

或る美術史家（G・ヴィルデンステン）の研究によれば、十八世紀前半のパリ市民が所蔵していた肖像画（版画を含む）のなかで、歴代国王のものは、わずかにアンリ四世のものだけだった、という。アンリ四世は「昔の名君」だった。しかし、かれらにとってフランソワ一世は、その存在さえ知られないような人物だったかと思われる。一世紀ほど時代を下ってユゴーは、この国王を過去の暗闇から引きずり出し、極めて厳しい批判的な立場に立って、その像を描きだした。ユゴーのこのフランソワ一世像には、効果を計算する劇詩人の見方だけでなく、大革命からナポレオンをへて、王政復古、更には七月革命と激動する世相のなかで培われた自由思想が反映しているに相違ない。ユゴーの戯曲からほんの少し年代を下がった『十九世紀ラルース辞典』という有名な百科事典を引くと、そのフランソワ一世の記述もまた相当に批判的で、好色でやや無謀な野心家のそのすがたは、名君とは言えない。わたくしが渡辺一夫の書物を通して懐いたそのイメージは、おそらく二十世紀に入ってからなされた再評価によるものなのであろう。こうして、時代とともに変貌してゆくその像は、空ゆく雲が風の流れによって形を変えてゆくようなものかもしれない。

＊

川の上にかかったシュノンソーの城でも、暖炉に火は焚かれていた。美貌を基準にして選ばれたかと思われる制服の若者が二人、火の番をしていて、東洋の二人の娘をからかった。川面から霧が立つほどの寒気のなかで、いよいよ寒さが骨の髄へとしみてくる。先を急いで西に向かう。

お伽ばなしの舞台装置には、仕上げが待っていた。樹氷である。山のなかではないのだが、国道沿いの森も街路樹も見事な樹氷となっていて、見飽きない。通り過ぎる町のなかでも同じことだ。樹氷のなかの町など、わたくしは夢見たこともなかった。そして、ランブイエの辺りからずっと大地を覆っていた冷気は、湿気の帯を捉えたらしい。樹氷のあいだを、ダイヤモンド・ダストが舞う。そのダイヤモンド・ダストが更に樹氷を成長させてゆくのだ。雪道にあしを取られ、妻の見たがっていたアゼ・ル・リドーに着いたときは、もう閉園の時間になっていた。でも、徒労とは言うまい。それは夢の国への紀行だったのだから。

初出一覧

「ミモザ幻想」――『文学』第3巻第3号，1992年夏，岩波書店．

「パリの空の下」――『ＰＬ』1994年1月号，藝術生活社．

「シスレーとサン・ジェルマンの風景」――書き下ろし．

「その後のポーランド」――『図書』第519号，1992年9月，岩波書店．

「理想都市の現実」―― 未刊．

「映像の詩」――『文学』第4巻第1号，1993年冬．

「パリのアメリカ人」――『文学』第4巻第2号，1993年春．

「かけだしのオペラ」――『ＰＬ』1994年4月号．

「ヴァイカースハイムの庭」―― 『ＰＬ』1994年6月号．

「パンと見せ物」――『ＰＬ』1994年8月号．

「見えない国境」――『ＰＬ』1994年7月号．

「永遠のいのち」―― 未刊．

「パリの朝・昼・晩」（佐々木寛子）―― 未刊．

「身のおきどころ」――『文学』第3巻第4号，1992年秋（原題「思想の居場所」）

「テアトロ・オリンピコで聴いたベートーヴェン」―― 未刊．

「ルイ・マランさん追悼」―― 書き下ろし．

「ムッシュー・キム」―― 書き下ろし．

「夜の想像力」――『ＰＬ』1994年9月号．

「オンディーヌの声を聴く」――『ＰＬ』1994年2月号．

「ルドンと夢」――『ＰＬ』1994年10月号．

「めぐりくる朝」――『ＰＬ』1994年5月号．

「ショパンを踊る」――『ＰＬ』1994年11月号．

「ピカソの変貌」――『ＰＬ』1994年3月号．

「並木の文化学」――『グリーン・エイジ』1995年1～2月号，日本緑化センター．

「サン・マローとペタン元帥」―― 書き下ろし．

「冬のシャンボール」――『ＰＬ』1994年12月号．


《未刊》とは，1992－3年当時に書きながら，公表の機会をえなかったものであり，《書き下ろし》とは，本書のために書いたものである．再録の文章も，大なり小なり加筆してある．

あとがき

かつては、論文ではなくエッセイの原稿依頼を受けたなら、気を悪くしたものだった。それがいつからか、エッセイを書きたいという欲求が、喉の乾きにも似た焦燥感とともにわたくしを動かすようになってきた。わたくしのエッセイは、お読み頂いたように、思想というほどのものではないにせよ、或る思索を核とし、テーマをもっている。展開するならば、論文となるかもしれないものだ。エッセイを書きたいという欲求のなかには、論文として煮詰めることができずにせき止めていたものを、そのまま語ってしまいたい、という気持ちもある。しかし、それだけではない。論文においては、己を消して、自立するほどに隙のないかたちで議論を構築することを目指さなければならない。それももちろんスリリングなことだ。しかし、それで満足できることもあれば、そうは行かないこともある。満足できないというのは、おそらく、R・バルトが「声のきめ」と呼んだものに通じる何かへのこだわりであろう。だから、エッセイの欲求は、殆ど生理的なものだ。

そんなわけで、この一書がなるのは、格別の喜びである。初出一覧に示したようなかたちで、少しずつ書きついで、ここに到達することができた。到達点については伊藤真由美さん、ここに至るまでの道程については、特に、『文学』の星野紘一郎さん、『PL』の石田明生さん、そして『PL』に橋渡しをして下さった遠藤知子さんに、特別の謝意を記しておきたい。

一九九八年早春

佐々木健一

著者略歴

1943年　東京生まれ
1965年　東京大学文学部卒業・同大学院人文科学研究科博士課程単位取得退学(美学藝術学)
現　在　東京大学大学院人文社会系研究科・文学部教授
著　書：『せりふの構造』(講談社学術文庫)、『作品の哲学』(東京大学出版会)、『演出の時代』(春秋社)、『美学辞典』(東京大学出版会)、『エスニックの次元』(勁草書房)
編著：*Concordance de l'Art poétique et d'autres ouvrages de Boileau* (東京大学美術藝術学研究室)。
訳　書：アンリ・グイエ著『演劇の本質』(ＴＢＳブリタニカ)、同『演劇と存在』(未来社)、グループμ『一般修辞学』(共訳、大修館書店)
編　訳：『創造のレトリック』(勁草書房)

ミモザ幻想　記憶・藝術・国境

1998年5月25日　第1版第1刷発行

著　者　佐《さ》々《さ》木《き》健《けん》一《いち》
発行者　井　村　寿　人

発行所　株式会社　勁《けい》　草《そう》　書　房
〒112-0004　東京都文京区後楽2-23-15　振替　00150-2-175253
電話（編集）03-3815-5277（営業）03-3814-6861
FAX　03-3814-6854
図書印刷・和田製本

ISBN 4-326-15337-7

ミモザ幻想　記憶・藝術・国境

2015年1月20日 オンデマンド版発行

著　者　佐々木健一

発行者　井　村　寿　人

発行所　株式会社　勁《けい》草《そう》書　房

112-0005 東京都文京区水道 2-1-1　振替　00150-2-175253
（編集）電話 03-3815-5277／FAX 03-3814-6968
（営業）電話 03-3814-6861／FAX 03-3814-6854

印刷・製本　(株)デジタルパブリッシングサービス http://www.d-pub.co.jp

AI945

ISBN978-4-326-98188-5　Printed in Japan